AUDRE LORDE

**TRADUÇÃO
STEPHANIE BORGES**

A unicórnia preta

POEMAS

9 *"Entre Nós": As Visões e Palavras Vivas de Audre Lorde*
JESS OLIVEIRA

17 *Nota da tradutora*

PARTE 1

21 A unicórnia preta
23 Uma mulher fala
27 Da casa de Iemanjá
31 As mulheres coniagui
35 Uma pedra atirada dentro da água não tem medo do frio
37 Daomé
41 Abomé e rua 125
45 As mulheres de Dan dançam com espadas em suas mãos para ressaltar a época em que elas eram guerreiras
49 Saara

PARTE 2

57 Harriet
61 Corrente
67 Sequelas
73 Para Assata
77 A princípio pensei que você falava de...
81 Uma litania pela sobrevivência

- **85** Encontro
- **89** Mudanças de estações
- **93** Em turnê
- **97** Os limites do nosso quintal
- **101** Elogio a Alvin Frost
- **109** Refrão
- **111** Suportar
- **113** Para Martha: Um ano novo
- **115** No jardim de Margaret
- **119** Cicatriz
- **127** Retrato
- **129** Uma canção para muitos movimentos
- **133** Irmão Alvin
- **137** Bilhete da escola
- **141** Escavando
- **145** Lá fora
- **151** Terapia
- **153** A mesma morte várias e várias vezes ou Canções de ninar são para crianças
- **155** Balada para cinzas

PARTE 3

- **159** Uma mulher/ Canção fúnebre para crianças desperdiçadas
- **163** Partindo

165 Relógio
169 Alerta de nevoeiro
173 Caminhos: de mãe para mãe
177 Dança da morte para uma poeta
181 Sonho/Canções para a Lua da terra de Beulah I-V
189 Recreação
193 Mulher
195 Tempos
199 Fantasma
203 Artesã
207 Carta para Jan
211 Poema bicentenário #21.000.000

PARTE 4

215 Os velhos tempos
219 Lentes de contato
221 Levemente
225 Chama suspensa
229 Mas o que você pode ensinar a minha filha
231 De dentro de uma bolsa vazia
235 Um pequeno assassinato
237 Da estufa
241 Pedras do caminho I-XI
249 Sobre religião

253 Irmã outsider
255 Bazar
257 Poder
263 Louvor
265 "Nunca roube o fogo de uma mulher"
267 Entre nós
275 Promessa futura
279 A donzela desleixada
283 Solstício

287 *Sobre a autora*
289 *Um glossário de nomes africanos*
295 *Sobre a tradutora*

"ENTRE NÓS": AS VISÕES E PALAVRAS VIVAS DE AUDRE LORDE

JESS OLIVEIRA

nossas vozes
parecem altas demais para esse pequeno quintal
hesitantes demais para mulheres
tão apaixonadas
Audre Lorde –
"Os limites de nosso quintal"

eparrei oyá
dizem que onde tem uma
filha de oxum
perto pode-se ver uma
filha de oyá
são tantos os itãs de
amor e ódio entre as
duas.
de inimigas mortais a
amantes passionais.
relação intensa.
oraiêiê oxum
Vic Sales –
"amor de ilê"

Em abril de 1978, Audre Lorde publica "Para começo de conversa: alguns apontamentos sobre as barreiras entre as mulheres e o amor"[1] na edição especial "Blacks & The Sexual Revolution" da revista *The Black Scholar*, que se propôs a discutir internamente o machismo nas comunidades negras. No artigo que abre esta edição, a poeta não apenas dialoga com homens pretos sobre o machismo que perpetuam, como também chama atenção para a lesbofobia por parte destes e por parte de mulheres pretas heterossexuais. *A unicórnia preta* é publicado no mesmo ano (1978) e pode ser lido como o resultado poético de uma série de elaborações de Audre Lorde engatilhadas a partir de situações vividas por ela, durante as décadas de 1960 e 1970, tanto nos movimentos negros quanto no movimento feminista branco. Sendo negra, sapatão, mãe e feminista, ela deveria, supostamente, ser recebida e ouvida em ambos os movimentos, mas encontrava nas organizações negras muita lesbofobia, e em meio às feministas brancas muito racismo.

A partir dessas experiências de negação: de negritude (por ser sapatão) e de mulheridade (por ser preta), e da extrema violência que assola a comunidade negra interna e externamente, Audre Lorde mergulha em sua ancestralidade africana, trazendo-a para o centro de sua poesia. Os poemas de *A unicórnia preta* nos presenteiam com imagens antigas e latentes, africanas e afrodiaspóricas, com frescores de rio, com levezas de vento, com eloquências exusíacas, com visões, com ideias e imagens nas quais nós, sapatonas pretas, podemos nos ver amando e amadas. E eles ainda dão conta de erguer-se contra a violência policial, contra o feminicídio etc., como a poeta já vinha fazendo em ensaios e poemas anteriores.

A culminância dessas presenças ancestrais e genealogia poética, em vez de apagar, reforça a voz feminista preta da poeta, ao pas-

---

1\ Ensaio acessível em Lorde, Audre. *Irmã Outsider*. Tradução de Stephanie Borges. Belo Horizonte: Ed. Autêntica, 2019. A primeira edição de *Sister Outsider* é de 1984.

so que também a distingue ontologicamente do feminismo branco ocidental. A unicórnia preta não é necessariamente mulher, por ser preta e não humana, por ser unicórnia. Através dessa imagem, Audre Lorde reivindica integralmente a centralidade e completude de sua subjetividade, na qual sua negritude, lesbianidade, mulheridade, maternidade, espiritualidade são indivisíveis e, portanto, questões das movimentações negras e feministas.

A unicórnia preta é opaca no sentido glissantiano[2], já que as lentes da transparência humanista eurocêntrica não conseguem lê-la. Essa visão lordiana abre caminhos para o pretume da noite, para o escuro da terra, para o ancestral, convocando guerreiras e feiticeiras do antigo Reino de Daomé, Seboulisa, a "mãe de todos nós", Iemanjá, mulheres Coniagui etc., que são, ao longo dos poemas, evocadas e conjuradas auxiliando a poeta a proclamar sua liberdade e de todas as pessoas pretas. Essa comunidade ancestral nos posiciona no mundo e nos lembra que o nosso amor não se origina em uma ilha grega, nem em qualquer outra parte do projeto da modernidade ocidental, mas resiste – seja no Harlem, nos quilombos brasileiros ou nos palenques colombianos. Lorde nasce em Nova York, em uma família caribenha – sua mãe é de Granada e seu pai é de Barbados – e sua poesia a reconecta à Costa Ocidental africana, ao Caribe e ao Harlem, como pode ser observado em poemas como "Abomé e rua 125".

Nesses ancestrais tempos e espaços não-lineares evocados na poesia de Lorde, a liberdade de sapatonas pretas é forjada, mas não só a delas: Audre traça uma genealogia afrocentrada cuja centralidade está no amor entre mulheres pretas, um amor que se reflete no espelho e que é comunitário, podendo ou não incluir relações sexuais e/ou casamento. Em "Para começo de conversa", a poeta cita casamentos documentados entre mulheres de povos Fon, bem como tradições de cuidado entre mulheres em culturas

---

2\ Ver: "Pela Opacidade" In: *Poética da Relação*. Tradução de Manuel Mendonça. Lisboa: Sextante Editora, 2011.

do Antigo Reino de Daomé (atual Benim) e de mulheres Ashanti, apontando para um *continuum* amoroso entre mulheres africanas e pretas da diáspora, como Harriet Tubman, as *Zami* (mulheres que trabalham e amam juntas) das ilhas Carriacou e por que não as sacerdotisas de religiões de matrizes africanas no Brasil? Lorde declara esse amor no poema "Para Assata": "Eu sonho com a sua liberdade / como uma vitória minha / e a vitória de todas as mulheres escuras / que renunciaram às vaidades do silêncio / que guerreiam e choram / às vezes contra nós mesmas." sem virar as costas para homens e meninos pretos, como observamos em poemas como "Elogio a Alvin Frost".

Todas as figuras evocadas pela poeta e presentes em nossa memória, além de libertar nossa imaginação para elaborações mágicas e poéticas pretas, também nos libertam de representações únicas da racialidade (geralmente hetero-masculina) e da homoafetividade aceitável (sempre branca). Ao nomear seu livro com um ser mitológico preto, que talvez não exista no que se costuma chamar realidade, na taxonomia e classificação feita há séculos por homens europeus, a poeta nos brinda com a possibilidade da imaginação fora do real e do imediato que capturam e enquadram pessoas racializadas como negras nas Américas. Assim como a unicórnia, nós também viemos de outras partes, amamos de outras formas, não cabemos no binarismo de gênero, nos dimorfismos sexuais e em outras ideias coloniais, racistas, misóginas e LGBTQIAfóbicas. Audre Lorde nos lembra, assim, de um chão onde podemos nos firmar, reverenciar, e de onde é possível forjar ferramentas capazes de desmantelar a casa do sinhô e da sinhá, da heterossexualidade compulsória, da branquitude, da gramática de línguas europeias. Lembremos que, para ela, a poesia "é o uso mais subversivo da língua, por alterar os sentimentos das pessoas" e, portanto, por gerar mudanças no mundo. Um exemplo desse poder é o episódio de Lorde em Berlim, onde orquestrou, entre 1984 e 1992, encontros de mulheres negras alemãs e/ou que viviam na Alemanha. Em 1984, após uma aula de poesia na Universidade Livre de Berlim, onde era professora visitante, Audre solicita que todas as mulheres brancas se retirem e que todas as mulheres pretas permaneçam e conversem entre si. Essa simples solicitação iniciou debates sobre identidade, história e experiências dessas mulheres e de suas famílias, fazendo ebulir suas escritas individuais e conjuntas acerca da empresa colonial alemã no continente africano, sobre histórias pretas na Alemanha e sobre o racismo e machismo que enfrentavam. Publicações como *Farbe Bekennen: Afro-deutsche Frauen auf den Spuren ihrer Geschichte* [Mostrando Cor-agem: Mulheres Afro-alemãs em Busca de suas Histórias], de 1986, incluíam ensaios, entrevistas, poemas, conferências, pesquisas acadêmicas, etc. Audre Lorde também cunha com mulheres negras alemãs, em 1984, a auto-designação política afro-alemã/o e, mais tarde, "negra alemã" / "negro alemão":

> já que tínhamos muitas
> denominações
> que não eram nossas
> já que não conhecíamos nome
> pelo qual gostaríamos de nos
> chamar
>
> may ayim (1992)
> "soul sister"

Desses encontros com Lorde também foram fundadas a ISD ou *Initiative Schwarzer Menschen in Deutschland* [Iniciativa de Pessoas Negras na Alemanha] e a ADEFRA [Associação de Mulheres Negras na Alemanha]. No caso alemão, ativistas pretas lésbicas são pioneiras e protagonistas nessas movimentações por direitos e por uma reestruturação da narrativa nacional; a produção de conhecimento sobre a experiência negra na Alemanha é estruturada na manutenção de visões, encontros, trocas e reflexões dessas ativistas com Audre Lorde. Hoje, o legado de pretas lésbicas se fortalece em toda a diáspora. Temos celebrado as visões e legados interseccionais do coletivo de pretas lésbicas Combahee River. Das 3 fundadores do movimento Vidas Negras Importam nos EUA, 2 se auto-definem como *queer*. No Brasil e em todo o mundo, a luta e legado de Marielle Franco são símbolos e alimento para lutas antirracistas e antiheterocissexistas, e seu assassinato brutal manifesta todo o ódio que a sociedade reserva para pessoas como ela. Os trabalhos dessas e de muitas outras pretas que amam pretas ressaltam que nós sempre fizemos parte de toda e cada uma das lutas por liberdade na diáspora.

Influências da poética e visões lordianas podem ser encontradas no Brasil no trabalho de Tatiana Nascimento, poeta, compositora, editora e tradutora brasiliense que há mais de uma década nos presenteia com sua própria poesia, com traduções de pretas lésbicas e com teoria sobre essas traduções, elementos que compõem o que a poeta chama de cuírlombismo literário: essa visão que nos instiga a fabular um mundo onde imaginamos, respiramos e amamos fora do poço da dor, do proibido e do denuncismo.

Na poesia da paulistana Vic Sales, onde ancestralidade, orixalidade e amor entre pretas são fundamentos. No trabalho da artista soterocajuana Bruna Barros em seu filme "Amor de Orí", uma belíssima releitura do itan sobre o encontro amoroso de Oxum e Oyá, atravessada pelo poema homônimo de Vic Sales e também nas aquarelas de Ani Ganzala, artista visual de Salvador, que retrata a complexidade e simplicidade cotidianas que envolvem as vidas de pretas lésbicas.

Portanto, é imprescindível que recebamos a poesia de Lorde como continuidade e extensão de nossos legados na diáspora. Audre é nossa irmã, não uma grande novidade do norte, tampouco um produto editorial. Olhar, cuidar e amar a nós mesmas, nossas mais velhas e mais novas e aquelas pretas que estão do nosso lado e em nosso cotidiano é poderoso e antiquíssimo e a poesia preta sapatão está aí para nos lembrar disso!

    Audre Lorde, que sua poesia seja bem-vinda, que floresça em nossos corações e que se traduza em nossas ações!

    Estávamos te esperando de braços abertos há tanto tempo...

sua influência avança viva
em suas obras
nossas visões
carregam vivências
de suas palavras

may ayim (1992)
"soul sister"

Salvador, 31 de julho de 2020

JESS OLIVEIRA é crítica literária, poeta, tradutora e editora. Doutoranda em Literatura e Cultura pela Universidade Federal da Bahia (UFBA), mestra em Estudos da Tradução pela Universidade Federal de Santa Catarina (UFSC) e Bacharela em Letras (português e alemão) pela Universidade de São Paulo (USP).

NOTA DA TRADUTORA

The Black Unicorn, que chega ao português como *A unicórnia preta*, foi lançado em 1978 e reúne poemas escritos por Audre Lorde entre 1975 e 1977. O livro reúne poemas até então inéditos e alguns publicados em *Between Our Selves* (1976) com pequenas alterações feitas pela poeta.

O livro é muito influenciado pela primeira visita de Audre Lorde ao continente africano em 1974, quando visitou Togo, Gana e a então República do Daomé, atual Benim, com sua família. Em 1977, Lorde esteve na Nigéria para participar do Festival Mundial de Artes e Cultura Negras e Africana (FESTAC' 77). Nestas ocasiões, a autora conheceu um pouco da cosmogonia de povos Iorubá, Fon e Tenda, fazendo alusão a seus elementos em sua prosa e poesia.

Embora Lorde aponte uma bibliografia ao final de *A unicórnia preta*, a maioria dos livros usados por ela como referência estão há muito esgotados e/ou indisponíveis para consulta online. Além disso, são obras de antropologia publicadas em um período em que as religiões e saberes de matriz africana ainda eram considerados mitos e/ou exóticos. A tradução leva em consideração a importância da descoberta de Orixás e Voduns para as reflexões de Lorde a respeito de viver conciliando suas muitas identidades (lésbica, mãe, guerreira, professora, poeta) e para a compreensão de sua experiência como mulher negra na diáspora. Contudo, também considerei o fato de não ter encontrado informações biográficas de que Audre Lorde tenha se iniciado em alguma nação do candomblé nem frequentado alguma casa de vodu ou santeria nos EUA.

Optei por grafias aportuguesadas dos nomes de Orixás e Voduns e procurei respeitar as definições de Lorde no glossário de nomes africanos ao final da edição, ainda que tenha identificado imprecisões. Leitoras/es que venham a se interessar pelas cosmogonias Iorubá e Fon a partir destes poemas encontrarão uma vasta bibliografia de autores brasileiros, do povo de axé, que muito podem nos ensinar sobre o culto às entidades, suas características, suas comidas, oferendas e sistemas divinatórios como o ifá.

A unicórnia preta foi escrito e editado enquanto a autora trabalhava em ensaios reunidos em *Irmã outsider*. Poemas como "Bilhete da Escola" e "Poder" são mencionados em sua prosa para explicar conceitos de um pensamento negro feminista que se desenvolve em gêneros literário diferentes. As ideias são as mesmas, a diferença está na forma. Prossegui a busca pelo ritmo e pela proximidade com a oralidade que marcaram minhas traduções de seus ensaios, acompanhada da lembrança de que "as ferramentas do senhor nunca derrubarão a casa-grande."

STEPHANIE BORGES

PARTE 1

The Black Unicorn

The black unicorn is greedy.
The black unicorn is impatient.
The black unicorn was mistaken
for a shadow
or symbol
and taken
through a cold country
where mist painted mockeries
of my fury.
It is not on her lap where the horn rests
but deep in her moonpit
growing.

The black unicorn is restless
the black unicorn is unrelenting
the black unicorn is not
free.

A unicórnia preta

A unicórnia preta é ávida.
A unicórnia preta é impaciente.
A unicórnia preta foi confundida
com uma sombra
ou símbolo
e levada
através de um país gelado
onde a névoa fez um retrato risível
da minha raiva.
Não é em seu colo onde o chifre repousa
mas crescendo nas profundezas de sua cratera
lunar.

A unicórnia preta é inquieta
a unicórnia preta é implacável
a unicórnia preta não é
livre.

A woman speaks

Moon marked and touched by sun
my magic is unwritten
but when the sea turns back
it will leave my shape behind.
I seek no favor
untouched by blood
unrelenting as the curse of love
permanent as my errors
or my pride
I do not mix
love with pity
nor hate with scorn
and if you would know me
look into the entrails of Uranus
where the restless oceans pound.

I do not dwell
within my birth nor my divinities
who am ageless and half-grown
and still seeking
my sisters
witches in Dahomey
wear me inside their coiled cloths

Uma mulher fala

Marcada pela lua e tocada pelo sol
minha magia é inescrita
mas quando o mar der a volta
deixará meu contorno na areia.
Não busco favores
intocada pelo sangue
implacável como a maldição do amor
perene como meus erros
ou meu orgulho
eu não misturo
amor com piedade
nem ódio com desdém
e você me conheceria se
procurar nas entranhas de Urano
onde oceanos inquietos se agitam.

Eu não habito
o meu nascimento nem as minhas divindades
quem sou atemporal e imatura
e ainda em busca
de minhas irmãs
bruxas no Daomé
que me usam dentro de seus panos da costa

as our mother did
mourning.

I have been woman
for a long time
beware my smile
I am treacherous with old magic
and the noon's new fury
with all your wide futures
promised
I am
woman
and not white.

como nossa mãe
o luto.

Tenho sido mulher
há muito tempo
cuidado com meu sorriso
sou traiçoeira tenho magia antiga
e a nova fúria do meio-dia
com todos os seus futuros amplos
prometidos
Eu sou
mulher
e não branca.

From the house of Yemanjá

My mother had two faces and a frying pot
where she cooked up her daughters
into girls
before she fixed our dinner.
My mother had two faces
and a broken pot
where she hid out a perfect daughter
who was not me
I am the sun and moon and forever hungry
for her eyes.

I bear two women upon my back
one dark and rich and hidden
in the ivory hungers of the other
mother
pale as a witch
yet steady and familiar
brings me bread and terror
in my sleep
her breasts are huge exciting anchors
in the midnight storm.

All this has been
before

Da casa de Iemanjá

Minha mãe tinha duas caras e uma frigideira
na qual ela preparava suas filhas
para serem meninas
antes de cozinhar nosso jantar.
Minha mãe tinha duas caras
e uma panela quebrada
onde ela escondia uma filha perfeita
que não era eu
eu sou o sol e a lua e eternamente faminta
pelos olhos dela.

Carrego duas mulheres nas minhas costas
uma retinta e voluptuosa e escondida
nos desejos de marfim da outra
mãe
pálida como uma bruxa
porém constante e familiar
servindo-me pão e terror
no meu sono
seus seios são âncoras imensas excitantes
na tempestade à meia-noite.

Tudo isso tinha sido
antes

in my mother's bed
time has no sense
I have no brothers
and my sisters are cruel.

Mother I need
mother I need
mother I need your blackness now
as the august earth needs rain.

I am
the sun and moon and forever hungry
the sharpened edge
where day and night shall meet
and not be
one.

na cama da minha mãe
o tempo não faz sentido
eu não tenho irmãos
e minhas irmãs são cruéis.

Mãe eu preciso
mãe eu preciso
mãe eu preciso da sua pretitude agora
como a terra precisa da chuva de agosto.

Eu sou
o sol e a lua e eternamente faminta
a lâmina afiada
onde o dia e a noite devem se encontrar
e não ser
um.

Coniagui women

The Coniagui women
wear their flesh like war
bear children who have eight days
to choose their mothers
it is up to the children
who must decide to stay.

Boys burst from the raised loins
twisting and shouting
from the bush secret
they run
beating the other women
avoiding the sweet flesh
hidden
near their mother's fire
but they must take her blood as a token
the wild trees have warned them
beat her and you will be free
on the third day
they creep up to her cooking pot
bubbling over the evening's fire
and she feeds them
yam soup
and silence.

As mulheres coniagui

As mulheres coniagui
usam sua carne como guerra
dão à luz crianças que têm oito dias
para escolher suas mães
cabe à criança
que deve decidir ficar.

Meninos irrompem de ancas exaltadas
gritando e se remexendo
a partir do arbusto secreto
eles correm
vencendo as outras mulheres
evitando a carne doce
escondida
perto do fogareiro de suas mães
mas eles devem obter o sangue dela como um amuleto
as árvores selvagens os alertaram
derrotem-na e vocês serão livres
no terceiro dia
eles se aproximam sorrateiros da panela dela
que borbulha sobre o fogo noturno
e elas os alimenta
com sopa de inhame
e silêncio.

"Let us sleep in your bed" they whisper
"Let us sleep in your bed" they whisper
"Let us sleep in your bed"
but she has mothered before them.
She closes her door.

They become men.

"Deixe a gente dormir na sua cama" eles sussurram
"Deixe a gente dormir na sua cama" eles sussurram
"Deixe a gente dormir na sua cama"
Mas ela se tornou mãe antes deles.
Ela fecha a sua porta.

Eles se tornam homens.

A rock thrown into the water does not fear the cold

In front of the City Hotel in Kumasi
two horned snails come at twilight
to eat the foot-long speckled snake
dead on an evening wall
from sudden violent storm.
Their white extended bodies
gently sucking
take sweetness from the stiffening shape
as darkness overtakes them.

Uma pedra atirada dentro da água não tem medo do frio

Na frente do City Hotel em Kumasi
dois caramujos gigantes vêm ao crepúsculo
comer a cobra pintada de uns trinta centímetros
morta num muro noturno
de uma tempestade violenta repentina.
Seus corpos brancos alongados
sugam gentilmente
absorvendo a doçura da forma enrijecida
enquanto a escuridão os domina.

Dahomey

> "in spite of the fire's heat
> the tongs can fetch it."

It was in Abomey that I felt
the full blood of my fathers' wars
and where I found my mother
Seboulisa
standing with outstretched palms hip high
one breast eaten away by worms of sorrow
magic stones resting upon her fingers
dry as a cough.

In the dooryard of the brass workers
four women joined together dying cloth
mock Eshu's iron quiver
standing erect and flamingly familiar
in their dooryard
mute as a porcupine in a forest of lead
In the courtyard of the cloth workers
other brothers and nephews
are stitching bright tapestries
into tales of blood.

Thunder is a woman with braided hair
spelling the fas of Shango
asleep between sacred pythons
that cannot read

Daomé

"apesar do calor do fogo
as pinças podem pegá-lo."

Foi em Abomé que eu senti
todo o sangue das guerras do meu pai
e onde encontrei minha mãe
Seboulisa
de pé com as palmas das mãos abertas nos quadris
um seio devorado pelos vermes da mágoa
pedras mágicas repousando nos seus dedos
secos como uma tosse.

No quintal dos artesãos que trabalham o latão
quatro mulheres tingem tecidos juntas
fazendo graça do ferro latejante de Exu
mantendo-se ereto e ardentemente familiar
no quintal delas
mudo como um porco-espinho numa floresta de chumbo
no pátio das tecelãs
outros irmãos e sobrinhos
estão costurando belas tapeçarias
em histórias de sangue.

Trovão é uma mulher de cabelo trançado
interpretando o ifá de Xangô
adormecida entre víboras sagradas
que não sabem ler

nor eat the ritual offerings
of the Asein.
My throat in the panther's lair
is unresisting.

Bearing two drums on my head I speak
whatever language is needed
to sharpen the knives of my tongue
the snake is aware although sleeping
under my blood
since I am a woman whether or not
you are against me
I will braid my hair
even
in the seasons of rain.

nem comer as oferendas rituais
do altar.
Minha garganta na toca da pantera
não resiste.

Carregando dois tambores na minha cabeça eu falo
qualquer idioma necessário
para afiar as lâminas da minha língua
a serpente está consciente embora durma
embaixo do meu sangue
por eu ser uma mulher independente
do que você pensa de mim
vou trançar meus cabelos
mesmo
nas épocas de chuva.

125th Street and Abomey

Head bent, walking through snow
I see you Seboulisa
printed inside the back of my head
like marks of the newly wrapped akai
that kept my sleep fruitful in Dahomey
and I poured on the red earth in your honor
those ancient parts of me
most precious and least needed
my well-guarded past
the energy-eating secrets
I surrender to you as libation
mother, illuminate my offering
of old victories
over men over women over my selves
who has never before dared
to whistle into the night
take my fear of being alone
like my warrior sisters
who rode in defense of your queendom
disguised and apart
give me the woman strength
of tongue in this cold season.
Half earth and time splits us apart
like struck rock.

Abomé e rua 125

Cabeça curvada, caminhando através da neve
eu vejo você Seboulisa
pintada dentro do fundo da minha cabeça
como marcas de uma akai recém trançada
que mantinha meu sonho fértil no Daomé
e entreguei à terra vermelha em sua honra
aquelas partes antigas de mim
mais preciosas e menos necessárias
meu passado bem guardado
os segredos devoradores de energia
Eu me rendo a você como uma libação
mãe, ilumine minha oferenda
de vitórias antigas
sobre homens sobre mulheres sobre os meus eus
que nunca antes ousaram
assoviar na noite
leve meu medo de ficar sozinha
como minhas irmãs guerreiras
que cavalgaram em defesa de seu reino de rainhas
disfarçadas e separadas
dê-me a força de mulher
de falar nessa estação fria.
Metade da terra e o tempo nos separam
como uma rocha partida ao meio.

A piece lives elegant stories
too simply put
while a dream on the edge of summer
of brown rain in nim trees
snail shells from the dooryard
of King Toffah
bring me where my blood moves
Seboulisa mother goddess with one breast
eaten away by worms of sorrow and loss
see me now
your severed daughter
laughing our name into echo
all the world shall remember.

Um pedaço vive histórias elegantes
colocadas com simplicidade demais
enquanto um sonho no limite do verão
de chuva marrom nos pés de amargosas
conchas de caramujos no quintal
do rei Toffah
trazem-me onde meu sangue se move
Seboulisa deusa mãe com um seio
comido pelos vermes da mágoa e da perda
veja-me agora
sua filha mutilada
rindo nosso nome no eco
o mundo inteiro vai se lembrar.

The women of Dan dance with swords in their hands to mark the time when they were warriors

I did not fall from the sky
I
nor descend like a plague of locusts
to drink color and strength from the earth
and I do not come like rain
as a tribute or symbol for earth's becoming
I come as a woman
dark and open
some times I fall like night
softly
and terrible
only when I must die
in order to rise again.

I do not come like a secret warrior
with an unsheathed sword in my mouth
hidden behind my tongue
slicing my throat to ribbons
of service with a smile
while the blood runs
down and out
through holes in the two sacred mounds
on my chest.

As mulheres de Dan dançam com espadas em suas mãos para ressaltar a época em que elas eram guerreiras

Eu não caí do céu
eu
nem baixei como uma praga de gafanhotos
para beber as cores e as forças da terra
e eu não cheguei como a chuva
como uma oferenda ou um símbolo para o porvir da terra
eu vim como uma mulher
escura e aberta
às vezes eu caio como a noite
suave
e terrível
só quando eu devo morrer
para me levantar outra vez.

Eu não venho como uma guerreira secreta
com uma espada desembainhada na boca
escondida atrás da minha língua
rasgando minha garganta em fitas
condecorativas com um sorriso
enquanto o sangue corre
escorre e sai
pelos buracos de dois montes sagrados
no meu peito.

I come like a woman
who I am
spreading out through nights
laughter and promise
and dark heat
warming whatever I touch
that is living
consuming
only
what is already dead.

Eu venho como uma mulher
que eu sou
espalhando através das noites
risadas e promessas
e um calor escuro
aquecendo qualquer coisa que eu toque
que esteja viva
consumindo
apenas
o que já está morto.

Sahara

High
above this desert
I am
becoming
absorbed.

Plateaus of sand
dendrites of sand
continents and islands and waddys
of sand
tongue sand
wrinkle sand
mountain sand
coasts of sand
pimples and pustules and macula of sand
snot allover your face from sneezing sand
dry lakes of sand
buried pools of sand
moon craters of sand
Get your "I've had too much of people"
out of here sand.

My own place sand
never another place sand

Saara

Alto
acima desse deserto
eu estou
sendo
absorvida.

Platôs de areia
dendritos de areia
continentes e ilhas e *waddys*
de areia
areia língua
areia ruga
areia montanha
litorais de areia
espinhas e pústulas e mácula de areia
meleca na sua cara inteira por espirrar areia
lagos secos de areia
poças enterradas de areia
crateras lunares de areia
 Leve o seu "já aturei demais das pessoas"
pra lá areia.

Areia minha casa própria
 nunca um outro lugar areia

punishments of sand
hosannahs of sand
Epiphanies of sand
crevasses of sand
mother of sand
I've been here a long time sand
string sand
spaghetti sand
cat's cradle ring-a-levio sand
army of trees sand
jungle of sand
grief of sand
subterranean treasure sand
moonglade sand
male sand
terrifying sand

Will I never get out of here sand
open and closed sand
curvatures of sand
nipples of sand
hard erected bosoms of sand
clouds quick and heavy and
desperate sand
thick veil over my face sand
sun is my lover sand
footprints of the time on sand
navel sand
elbow sand
play hopscotch through the labyrinth sand
I have spread myself sand
I have grown harsh and flat
against you sand
glass sand

punições de areia
hosanas de areia
epifanias de areia
fendas de areia
mães de areia
eu estou aqui há muito tempo areia
areia barbante
areia espaguete
areia cama de gato pique-pega
areia exércitos de árvores
selva de areia
luto de areia
areia tesouro subterrâneo
areia reflexo da lua na água
areia macho
areia apavorante

Eu nunca sairei daqui areia
areia aberta e fechada
curvaturas de areia
mamilos de areia
seios rijos eretos de areia
areia nuvens ligeiras e pesadas e
desesperadas
véu grosso sobre o meu rosto areia
areia o sol é meu amante
pegadas do tempo na areia
umbigo areia
cotovelo areia
jogar amarelinha em meio a um labirinto de areia
eu tenho me espalhado areia
tenho me tornado áspera e lisa
em contato com você areia
areia vidro

fire sand
malachite and gold diamond sand
cloisonné coal sand
filagree silver sand
granite and marble and ivory sand

Hey you come here and she came sand
I will endure sand
I will resist sand
I am tired of no
all the time sand
I too will unmask my dark
hard rock sand.

areia fogo
areia malaquita e ouro diamante
cloisonné carvão areia
filigrana prata areia
granito e mármore e marfim areia

Ei você venha aqui e ela veio areia
eu perdurarei areia
eu resistirei areia
eu estou cansada de não
o tempo inteiro areia
eu também vou mascarar minha escura
areia pedra dura.

PARTE 2

Harriet

Harriet there was always somebody calling us crazy
or mean or stuck-up or evil or black
or black
and we were
nappy girls quick as cuttlefish
scurrying for cover
trying to speak trying to speak
trying to speak
the pain in each others mouths
until we learned
on the edge of a lash
or a tongue
on the edge of the other's betrayal
that respect
meant keeping our distance
in silence
averting our eyes
from each other's face in the street
from the beautiful dark mouth
and cautious familiar eyes
passing alone.

I remember you Harriet
before we were broken apart

Harriet

Harriet sempre houve alguém nos chamando de louca
ou de cruel ou de arrogante ou de má ou de preta
ou de preta
e nós éramos
garotas crespas ligeiras como lulas
debandando para se esconder
tentando falar tentando falar
tentando falar
da dor nas bocas uma da outra
até aprendermos
na ponta de um chicote
ou de uma língua
no limiar da traição do outro
que respeito
significa manter nossa distância
em silêncio
desviando nossos olhares
dos rostos uma da outra na rua
da bela boca escura
e os olhos familiares cautelosos
passando sozinhos.

Eu me lembro de você Harriet
antes de nós sermos separadas

we dreamed the crossed swords
of warrior queens
while we avoided each other's eyes
and we learned to know lonely
as the earth learns to know dead
Harriet Harriet
what name shall we call our selves now
our mother is gone?

nós sonhávamos com as espadas cruzadas
de rainhas guerreiras
enquanto evitávamos os olhos uma da outra
e aprendíamos a solidão
como a terra aprende os mortos
Harriet Harriet
por quais nomes nos chamaremos agora
que nossa mãe se foi?

Chain

News item: Two girls, fifteen and sixteen, were sent to foster homes, because they had borne children by their natural father. Later, they petitioned the New York courts to be returned to their parents, who, the girls said, loved them. And the courts did so.

Faces surround me that have no smell or color no time
only strange laughing testaments
vomiting promise like love
but look at the skeleton children
advancing against us
beneath their faces there is no sunlight
no darkness
no heart remains
no legends
to bring them back as women
into their bodies at dawn.

Look at the skeleton children
advancing against us
we will find womanhood
in their eyes
as they cry
which of you bore me
will love me
will claim my blindness as yours
and which of you marches to battle
from between my legs?

Corrente

Notícia: Duas meninas, 15 e 16 anos, foram enviadas para lares adotivos porque deram à luz filhos de seu pai biológico. Mais tarde, elas solicitaram a varas de família de Nova York para serem devolvidas aos seus pais que, de acordo com as meninas, as amavam. E assim decidiram os juízes.

Os rostos que me cercavam não tinham cheiro nem cor
                                  [nem tempo
apenas estranhos testemunhos sorridentes
vomitando promessas como o amor
mas olhe essas crianças-esqueleto
avançando na nossa direção
sob os seus rostos não há luz do sol
não há escuridão
nenhum resto do coração
nenhuma lenda
para trazê-las de volta como mulheres
aos seus corpos no amanhecer.

Olhe para essas crianças-esqueleto
avançando na nossa direção
nós encontraremos mulheridade
em seus olhos
conforme elas choram
qual de vocês me pariu
me amará
assumirá minha cegueira como sua
e qual de vocês marcha para lutar
a partir do meio das minhas pernas?

II

On the porch outside my door
girls are lying
like felled maples in the path of my feet
I cannot step past them nor over them
their slim bodies roll like smooth tree trunks
repeating themselves over and over
until my porch is covered with the bodies
of young girls.
Some have a child in their arms.
To what death shall I look for comfort?
Which mirror to break or mourn?

Two girls repeat themselves in my doorway
their eyes are not stone.
Their flesh is not wood nor steel
but I can not touch them.
Shall I warn them of night
or offer them bread
or a song?
They are sisters. Their father has known
them over and over. The twins they carry
are his. Whose death shall we mourn
in the forest
unburied?
Winter has come and the children are dying.

One begs me to hold her between my breasts
Oh write me a poem mother
here, over my flesh
get your words upon me
as he got this child upon me
our father lover

II

Na varanda lá fora na minha porta
as meninas estão deitadas
como folhas caídas diante dos meus pés
não posso passar por elas nem pisar nelas
seus corpos esguios rolam como troncos lisos de árvore
replicando a si mesmas várias e várias vezes
até minha varanda estar coberta de corpos
de jovens garotas.
Algumas têm crianças em seus braços.
Para qual morte devo olhar em busca de conforto?
Qual espelho quebrar ou lamentar?

Duas garotas se replicam na minha porta
seus olhos não são de pedra.
A carne delas não é madeira nem aço
mas eu não posso tocá-las.
Devo alertá-las sobre a noite
ou oferecer-lhes pão
ou uma canção?
Elas são irmãs. O pai delas as conheceu
várias vezes. Os gêmeos que elas carregam
são dele. De quem devemos lamentar a morte
insepulta
na floresta?
O inverno chegou e as crianças estão morrendo.

Uma me implora que eu a abrace entre meus peitos
Oh mãe escreva um poema para mim
aqui, sobre a minha carne
ponha suas palavras sobre mim
como ele pôs um filho em mim
nosso pai amante

thief in the night
do not be so angry with us. We told him
your bed was wider
but he said if we did it then
we would be his
good children if we did it
then he would love us
oh make us a poem mother
that will tell us his name
in your language
is he father or lover
we will leave your word
for our children
engraved on a whip or a golden scissors
to tell them the lies
of their birth.

Another says mother
I am holding your place.
Do you know me better than I knew him
or myself?
Am I his daughter or girlfriend
am I your child or your rival
you wish to be gone from his bed?
Here is your granddaughter mother
give us your blessing before I sleep
what other secrets
do you have to tell me
how do I learn to love her
as you have loved me?

ladrão na noite
não fique com tanta raiva de nós. Dissemos a ele
que sua cama era mais larga
mas ele disse que se fizéssemos aquilo então
nós seriamos suas
boas filhas se fizéssemos aquilo
então ele nos amaria
oh faça um poema para nós mãe
que nos dirá o nome dele
no seu idioma
ele um pai ou amante
nós deixaremos a sua palavra
para as nossas crianças
gravadas num chicote ou numa tesoura dourada
para contar-lhes as mentiras
sobre seus nascimentos.

Uma outra diz mãe
eu estou guardando o seu lugar.
Você me conhece melhor do que eu o conhecia
ou me conhecia?
Serei eu a filha ou a namorada
serei eu sua filha ou sua rival
que você quer ver fora da cama dele?
Aqui está sua neta mãe
dê-nos sua bênção antes de eu ir dormir
que outros segredos
você tem para me contar
como eu aprendo a amá-la
como você me amou?

Sequelae

Because a burning sword notches both of my doorposts
because I am standing between
my burned hands in the ashprint of two different houses
midnight finds weave a filigree of disorder
I figure in the dreams of people
who do not even know me
the night is a blister of stars
pierced by nightmares of a telephone ringing
my hand is the receiver
threatening as an uncaged motor
seductive as the pain of voiceless mornings
voiceless kitchens I remember
cornflakes shrieking like banshees in my throat
while I battle the shapes of you
wearing old ghosts of me
hating you for being
black and not woman
hating you for being white
and not me
in this carnival of memories
I name you both the laying down of power
the separation I cannot yet make
after all these years of blood
my eyes are glued

Sequelas

Porque uma espada em chamas faz marcas nos dois batentes
                            [da minha porta
porque eu permaneço entre
minhas mãos queimadas nas cinzas de duas casas diferentes
descobertas à meia-noite tecem uma filigrana de desordem
eu apareço nos sonhos das pessoas
que sequer me conhecem
a noite é uma bolha d'água de estrelas
perfurada pelos pesadelos de um telefone tocando
minha mão é o aparelho
ameaçadora como um motor sem cilindro
sedutora como a dor das manhãs sem voz
das cozinhas sem voz que eu me lembro
flocos de milho na minha garganta gritando como *banshees*
enquanto luto contra as formas de vocês
usando velhos fantasmas de mim
odiando você por ser
negro e não mulher
odiando você por ser branca
e não eu
neste carnaval de memórias
eu nomeio a ambos a desistência do poder
a separação que ainda não sou capaz de fazer
depois de todos esses anos de sangue

like fury to the keyholes
of yesterday
rooms
where I wander
solitary as a hunting cheetah
at play with legends call disaster
due all women who refuse to wait
in vain;

In a new room
I enter old places bearing your shape
trapped behind the sharp smell of your anger
in my voice
behind tempting invitations
to believe
your face
tipped like a pudding under glass
and I hear the high pitch of your voice
crawling out from my hearts
deepest culverts
compromise is a coffin nail
rusty as seaweed
tiding through an august house
where nobody lives
beyond choice
my pathways are strewn with old discontents
outgrown defenses still sturdy as firebrick
unlovely and dangerous as measles
they wither into uselessness
but do not decay.

Because I do not wish
to remember

meus olhos estão colados
como a fúria aos buracos de fechadura
de ontem
quartos
por onde andei
solitária como uma *cheetah* caçadora
a brincar com as lendas que reclamem a dívida
 do desastre todas mulheres que se recusam a esperar
em vão;

Num novo cômodo
entro em lugares antigos carregando a sua forma
aprisionada atrás do cheiro penetrante da sua raiva
na minha voz
atrás de convites tentadores
para acreditar
na sua cara
amassada como um pudim no vidro
e ouço o tom agudo da sua voz
ressurgindo das galerias
mais profundas do meu coração
fazer concessões é um prego de caixão
enferrujado como as algas marinhas
marulhando por uma casa de veraneio
onde ninguém mora
não por questão de escolha
meus caminhos estão repletos de velhos desgostos
defesas que cresceram demais imóveis como tijolos
desagradáveis e perigosas como sarampo
elas murcham pela inutilidade
mas não apodrecem.

Porque eu não desejo
lembrar

but love to caress the deepest bone
of me
begging shes that wax and wane like moonfire
to absolve me at any price
I battle old ghosts of you
wearing the shapes of me
surrounded by black
and white faces
saying no over and over
becoming my mother draped in my fathers
bastard ambition
growing dark secrets
out from between her thighs
and night comes into me like a fever
my hands grip a flaming sword that screams
while an arrogant woman masquerading as a fish
plunges it deeper and deeper
into the heart we both share
like beggars
on this moment of time
where the space ships land
I have died too many deaths
that were not mine.

mas amar acariciar o osso mais interno
em mim
implorando que ela morda e assopre como o fogo lunar
para me absolver a qualquer preço
eu luto contra velhos fantasmas de você
usando as formas do meu eu
cercada por rostos
brancos e negros
dizendo não várias vezes
transformando-se em minha mãe vestida nas malditas
ambições de meu pai
cultivando segredos sombrios
que saíam do meio das coxas dela
e a noite me chega como uma febre
minhas mãos agarram uma espada flamejante que grita
enquanto uma mulher arrogante fingindo ser um peixe
submerge cada vez mais e mais fundo
no coração que nós duas compartilhamos
como pedintes
neste exato momento
em que as naves espaciais pousam
eu tenho morrido muitas mortes
que não eram minhas.

For Assata

New Brunswick Prison, 1977

In this new picture your smile has been to war
you are almost obscured by other faces
on the pages
those shadows are sisters
who have not yet spoken
your face is in shadow
obscured by the half-dark
by the thick bars running across your eyes
like sentinels
all the baby fat has been burned away
like a luxury your body let go
reluctantly
the corners of your mouth turn down
I cannot look into your eyes
who are all those others
behind you
the shadows are growing lighter
and more confusing.

I dream of your freedom
as my victory
and the victory of all dark women
who forego the vanities of silence
who war and weep

Para Assata

Prisão New Brusnwick, 1977

Nesta fotografia recente seu sorriso esteve em guerra
você quase é obscurecida pelos outros rostos
no jornal
aquelas sombras são irmãs
que ainda não falaram
seu rosto está na sombra
obscurecido pelo claro escuro
das barras grossas refletidas nos seus olhos
como sentinelas
toda a gordura infantil foi queimada
como um luxo do qual seu corpo se desfez
com relutância
os cantos de sua boca arqueiam para baixo
eu não consigo olhar nos seus olhos
quem são todas aquelas outras
atrás de você
as sombras vão ficando mais claras
e mais confusas.

Eu sonho com a sua liberdade
como uma vitória minha
e a vitória de todas as mulheres escuras
que renunciaram às vaidades do silêncio
que guerreiam e choram

sometimes against our selves
in each other
rather than our enemies
falsehoods
Assata my sister warrior
Joan of Arc and Yaa Asantewa
embrace
at the back of your cell.

às vezes contra nós mesmas
uma na outra
em vez das falsidades
dos nossos inimigos
Assata minha irmã guerreira
Joana D'Arc e Yaa Asantewa
se abraçam
no canto da sua cela.

At first I thought you were talking about ....

Do you think I guess inasmuch as
so so
to be sure yes I see
what'd you mean
but listen yet and still on the other
hand like as if you know
oh
at first
I thought you were talking about
a bird a flower
your anguish
the precision of trial by fury
apes in the roses
a body-sized box
even my own mother's sadness
freezing into diamonds
sanctified beyond description
and brilliant as death.

There are 237 footfalls
from the parking lot
to this metal table
this mechanical desk of judgment
the early spring sun

A princípio pensei que você falava de...

você pensava que eu adivinhei uma vez que
quase isso
para ter certeza sim eu entendo
o que você queria dizer
mas apesar disso escute e ainda assim por outro
lado como você sabe
oh
a princípio
pensei que você falava de
um pássaro uma flor
sua aflição
a precisão de um julgamento com base na fúria
macacos nas rosas
uma caixa onde cabe um corpo
ou ainda a tristeza de minha mãe
congelada em diamantes
consagrada além da descrição
e brilhante como a morte.

São 237 passos
do estacionamento
até esta mesa de metal
esta escrivaninha mecânica de julgamento
o sol do início da primavera

shines
on the face of building
but is cut off at the door
now take my body and blood
as the last recorded sacrifice
of a negative image
upon the revolving doorpane
of this building
where even the elevators are tired

To be sure yes I know what did
you mean by the way
but listen yet and still on the other hand
like you know just as if
do you think I guess in as much as so-so
oh well I see
at first I thought you were talking
about...

brilha
na fachada do edifício
mas é bloqueado na porta
agora aceite meu corpo e meu sangue
como o último sacrifício registrado
de uma imagem negativa
na porta giratória
deste prédio
onde até os elevadores estão cansados

Por ter a certeza de que sim eu sei o que fiz
aliás você quer dizer
mas apesar disso escute e ainda assim por outro lado
como você sabe como se somente
você pensa que eu adivinhei uma vez quase isso
ah, tudo bem eu entendi
a princípio pensei que você falava
de...

A litany for survival

For those of us who live at the shoreline
standing upon the constant edges of decision
crucial and alone
for those of us who cannot indulge
the passing dreams of choice
who love in doorways coming and going
in the hours between dawns
looking inward and outward
at once before and after
seeking a now that can breed
futures
like bread in our children's mouths
so their dreams will not reflect
the death of ours;

For those of us
who were imprinted with fear
like a faint line in the center of our foreheads
learning to be afraid with our mother's milk
for by this weapon
this illusion of some safety to be found
the heavy-footed hoped to silence us
For all of us

Uma litania pela sobrevivência

Para aquelas entre nós que vivem na margem
de pés sobre limites constantes da decisão
crucial e solitária
para aquelas entre nós que não podem se dar ao luxo
de abrir mão dos sonhos de ter escolhas
que amam em vãos de portas indo e vindo
nas horas entre os amanheceres
olhando para dentro e para fora
ao mesmo tempo antes e depois
em busca de um agora que possa cultivar
futuros
como pão nas bocas de nossos filhos
para que os sonhos deles não reflitam
as mortes dos nossos;

Para aquelas de nós
que fomos marcadas com o medo
como uma linha tênue no meio de nossas testas
aprendendo a sentir medo desde o leite materno
pois com essa arma
essa ilusão de alguma segurança a ser encontrada
esperavam nos silenciar com seus pés pesados
Para todas nós

this instant and this triumph
We were never meant to survive.

And when the sun rises we are afraid
it might not remain
when the sun sets we are afraid
it might not rise in the morning
when our stomachs are full we are afraid
of indigestion
when our stomachs are empty we are afraid
we may never eat again
when we are loved we are afraid
love will vanish
when we are alone we are afraid
love will never return
and when we speak we are afraid
our words will not be heard
nor welcomed
but when we are silent
we are still afraid.

So it is better to speak
remembering
we were never meant to survive.

este instante esse triunfo
Nós nunca estivemos destinadas a sobreviver.

E quando o sol nasce nós temos medo
de que ele não dure
quando o sol se põe nós temos medo
de que ele não levante de manhã
quando nossas barrigas estão cheias nós temos medo
da indigestão
quando nossas barrigas estão vazias nós temos medo
de nunca vir a comer outra vez
quando somos amadas nós temos medo
de que o amor desapareça
quando estamos sozinhas nós temos medo
de que o amor nunca volte
e quando falamos nós temos medo
de nossas palavras não serem ouvidas
nem bem-vindas
mas quando estamos em silêncio
ainda estamos com medo.

Então é melhor falar
lembrando
nunca estivemos destinadas a sobreviver.

Meet

Woman when we met on the solstice
high over halfway between your world and mine
rimmed with full moon and no more excuses
your red hair burned my fingers as I spread you
tasting your ruff down to sweetness
and I forgot to tell you
I have heard you calling across this land
in my blood before meeting
and I greet you again
on the beaches in mines lying on platforms
in trees full of tail-tail birds flicking
and deep in your caverns of decomposed granite
even over my own laterite hills
after a long journey
licking your sons
while you wrinkle your nose at the stench.

Coming to rest
in the open mirrors of your demanded body
I will be black light as you lie against me
I will be heavy as August over your hair
our rivers flow from the same sea
and I promise to leave you again
full of amazement and our illuminations

Encontro

Mulher quando nós nos encontramos no solstício
 aéreas depois do meio do caminho entre seu mundo e o meu
envoltas pela lua cheia e sem mais desculpas
seus cabelos vermelhos queimaram meus dedos enquanto
                            [te abri
sentindo o gosto da sua penugem até a doçura
e esqueci de te dizer
eu ouvi no meu sangue o seu chamado
atravessando toda essa terra antes de encontrá-la
e vou saudá-la novamente
em praias em minas deitada em plataformas
em árvores cheias de pássaros com a cauda esvoaçando
nas profundezas de suas cavernas de granito em
                            [decomposição
até mesmo sobre as minhas colinas de laterita
depois de uma longa jornada
lambendo suas crias
enquanto você franze seu nariz por causa do fedor.

Vindo descansar
nos espelhos abertos do seu corpo demandado
serei luz negra enquanto você se deita ao meu lado
serei intensa como fevereiro sobre os seus cabelos
nossos rios fluem para o mesmo mar

dealt through the short tongues of color
or the taste of each other's skin as it hung
from our childhood mouths.

When we meet again
will you put your hands upon me
will I ride you over our lands
will we sleep beneath trees in the rain?
You shall get young as I lick your stomach
hot and at rest before we move off again
you will be white fury in my navel
I will be sweeping night
Mawulisa foretells our bodies
as our hands touch and learn
from each others hurt.
Taste my milk in the ditches of Chile and Ouagadougou
in Tema's bright port while the priestess of Larteh
protects us
in the high meat stalls of Palmyra and Abomey-Calavi
now you are my child and my mother
we have always been sisters in pain.

Come in the curve of the lion's bulging stomach
lie for a season out of the judging rain
we have mated we have cubbed
we have high time for work and another meeting
women exchanging blood
in the innermost rooms of moment
we must taste of each other's fruit
at least once
before we shall both be slain.

e prometo deixar você outra vez
cheia de surpresas e nossas iluminações
negociadas entre línguas curtas de cor
ou o gosto da pele uma da outra enquanto descendo
de nossas bocas infantis.

Quando nos encontrarmos novamente
você colocará suas mãos em mim
eu te cavalgarei sobre as nossas terras
dormiremos sob as árvores enquanto chove?
Você rejuvenescerá conforme lambo sua barriga
excitada e descansando antes de nos movermos outra vez
você será fúria branca em meu umbigo
serei a noite se movendo vertiginosa
Mawulisa prevê nossos corpos
enquanto nossas mãos tocam e aprendem
com as feridas uma da outra.
Prove meu leite nos canais do Chile e de Ouagadougou
no portão reluzente de Tema enquanto a sacerdotisa de Larteh
nos protege
nas barracas de carne de Palmyra e Abomé-Calavi
você agora é minha filha e minha mãe
sempre fomos irmãs nessa dor.

Entre na curva da barriga latejante do leão
deite-se abrigada da chuva e de seus juízos por uma estação
nós acasalamos nós demos crias
nós temos muito tempo para trabalhar e um outro encontro
mulheres trocando sangue
nos cômodos mais íntimos do instante
nós devemos provar o fruto uma da outra
pelo menos uma vez
antes de sermos juntas assassinadas.

Seasoning

What am I ready to lose in this advancing summer?
As the days that seemed long
grow shorter and shorter
I want to chew up time
until every moment expands
in an emotional mathematic
that includes the smell and texture
of every similar instant since I was born.

But the solstice is passing
my mouth stumbles
crammed with cribsheets and flowers
dimestore photographs
of loving in stages
choked by flinty nuggets of old friends
undigested enemies
preserved sweet and foul in their lack
of exposure to sunlight.
Thundereggs of myself
ossify in the buttonholes
of old recalled lovers
who all look like rainbows
stretching across other summers

Mudanças de estações

O que estou pronta para perder enquanto o verão avança?
Conforme os dias que pareciam longos
ficam mais e mais curtos
eu quero mastigar o tempo
até cada momento se expandir
numa matemática emocional
que inclui o aroma e a textura
de cada instante similar desde que nasci.

Mas o solstício está passando
minha boca balbucia
abarrotada de lembretes e flores
fotografias instantâneas do amor em etapas
tiradas em lojas baratas
engasgada por pedaços insistentes de velhos amigos
inimigos indigestos
preservados em calda e desagradáveis em sua falta
de exposição ao sol.
Geodos de mim mesma
ossificam nas botoeiras
de antigas amantes recordadas
que parecem todas com um arco-íris
se estendendo por outros verões

to the pot of gold
behind my own eyes.

As the light wanes
I see
what I thought I was anxious to surrender
I am only willing to lend
and reluctance covers my face
as I glue up my lips with the promise
of coming winter.

em direção ao pote de ouro
no verso dos meus olhos.

Enquanto a luz enfraquece
eu vejo
o que eu pensava estar ansiosa para entregar
estou disposta apenas a emprestar
e a relutância cobre o meu rosto
enquanto colo meus lábios com a promessa
do inverno que se aproxima.

Touring

Coming in and out of cities
where I spend one or two days
selling myself
where I spend one or two nights
in beds that do not have the time to fit me
coming in and out of cities
too quickly
to be touched by their magic
I burn
from the beds that do not fit me
I leave sated
but without feeing
any texture of the house I have invaded
by invitation
I leave
with a disturbing sense
of the hard core of flesh
missed
and truly revealing.

I leave poems behind me
dropping them like dark seeds that
I will never harvest
that I will never mourn

Em turnê

Entrando e saindo de cidades
Onde passo um ou dois dias
me vendendo
onde passo uma ou duas noites
em camas que não têm tempo para me aconchegar
entrando e saindo de cidades
rápido demais
para ser tocada pela magia delas
estou em chamas
das camas que não me acomodam
eu vou embora saturada
mas sem sentir
qualquer textura da que invadi
mediante convite
eu vou embora
com uma sensação perturbadora
do núcleo duro da carne
verdadeiramente revelador
e perdido.

Deixo poemas atrás de mim
jogando-os como sementes escuras que
nunca colherei
que nunca lamentarei

if they are destroyed
they pay for a gift
I have not accepted.

Coming in and out of cities
untouched by their magic
I think without feeling
this is what men do
who try for some connection
and fail
and leave
five dollars on the table.

se forem destruídos
eles pagam por um presente
que eu não aceitei.

Entrando e saindo de cidades
sem ser tocada pela magia delas
Eu penso sem sentimento
é isso que os homens fazem
os que tentam alguma conexão
e falham
e deixam
cinco dólares em cima da mesa.

Walking our boundaries

This first bright day has broken
the hack of winter.
We rise from war
to walk across the earth
around our house
both stunned that sun can shine so brightly
after all our pain
Cautiously we inspect our joint holding.
A part of last year's garden still stands
bracken
one tough missed okra pod clings to the vine
a parody of fruit cold-hard and swollen
underfoot
one rotting shingle
is becoming loam.

I take your hand beside the compost heap
glad to be alive and still
with you
we talk of ordinary articles
with relief
while we peer upward
each half-afraid
there will be no tight buds started

Os limites do nosso quintal

Este primeiro dia claro quebrou
a dureza do inverno.
Nós nos levantamos depois da guerra
para andar pela terra
ao redor da nossa casa
ambas perplexas que o sol pudesse brilhar tanto
depois de toda a nossa dor
Conferimos cuidadosamente a nossa cerca.
Uma parte do jardim do ano passado ainda está de pé
samambaias
um quiabo resistente perdido se agarra à videira
uma paródia de fruta congelada e inchada
sob os pés
um pedaço de madeira podre
está virando barro.

Pego na sua mão ao lado de um monte de adubo
alegre por estar viva e ainda
com você
falamos de assuntos ordinários
com alívio
enquanto olhamos para cima
cada uma meio assustada
não haverá botões fechados despontando

on our ancient apple tree
so badly damaged by last winter's storm
knowing
it does not pay to cherish symbols
when the substance
lies so close at hand
waiting to be held
your hand
falls off the apple bark
like casual fire
along my back
my shoulders are dead leaves
waiting to be burned
to life.

The sun is watery warm
our voices
seem too loud for this small yard
too tentative for women
so in love
the siding has come loose in spots
our footsteps hold this place
together
as our place
our joint decisions make the possible
whole.
I do not know when
we shall laugh again
but next week
we will spade up another plot
for this spring's seeding.

em nossa velha macieira
muito danificada pela última tempestade de inverno
sabemos
que não compensa proteger símbolos
quando a substância
está tão ao alcance da mão
esperando ser segurada
sua mão
cai da casca da macieira
como um fogo casual
junto às minhas costas
meus ombros são folhas mortas
esperando para serem queimadas
de volta à vida.

O sol é de um morno aquoso
nossas vozes
parecem altas demais para esse pequeno quintal
hesitantes demais para mulheres
tão apaixonadas
o piso ficou solto em alguns pontos
nossos passos mantêm esse lugar
de pé
como nossa casa
nossas decisões tornam o possível
inteiriço.
Eu não sei quando
nós vamos rir outra vez
mas na semana que vem
vamos arar um outro canteiro
para a semeadura dessa primavera.

Eulogy for Alvin Frost

I.

Black men bleeding to death inside themselves
inside their fine strong bodies
inside their stomachs
inside their heads
a hole
as large as a dum-dum bullet
eaten away from the inside
death at 37.

Windows are holes to let in the light
in Newark airport at dawn I read
of your death by illumination
the carpets are dark and the windows are smoky
to keep out the coming sun
I plummet down through a hole in the carpet
seeking immediate ground for my feet to embrace
my toes have no wisdom no strength
to resist
they curl in a spasm of grief
of fury uprooted
It is dawn in the airport and nothing is open
I cannot even plant you a tree

Elogio a Alvin Frost

I.

Homens negros sangrando até a morte dentro de si
dentro de seus corpos elegantes e fortes
dentro de seus estômagos
dentro de suas cabeças
um buraco
do tamanho de uma bala dundum
devorados gradualmente por dentro
mortos aos 37.

Janelas são buracos para deixar entrar a luz
no aeroporto de Newark ao amanhecer eu leio
sobre a sua morte sob as lâmpadas
os carpetes são escuros e as janelas são jateadas
para manter o sol nascente lá fora
eu caio por um buraco no carpete
procurando um chão imediato para que meus pés o abracem
meus dedos não têm sabedoria nem força
para resistirem
eles se fecham num espasmo de luto
de fúria exilada
Amanhece no aeroporto e nada está aberto
eu não posso sequer plantar uma árvore para você

the earth is still frozen
I write a card saying
machines grew the flowers I send
to throw into your grave.

On occasion we passed in the hallway
usually silent and hurried but fighting
on the same side.
You congratulate me on my latest book
in a Black Caucus meeting
you are distinguished
by your genuine laughter
and you might have been my long lost
second grade seat-mate named Alvin
grown into some other magic
but we never had time enough
just to talk.

II.

From an airplane heading south
the earth grows slowly greener
we pass the first swimming pool
filled with blue water
this winter is almost over
I don't want to write a natural poem
I want to write about the unnatural death
of a young man at 37
eating himself for courage in secret
until he vanished
bleeding to death inside.
He will be eulogized in echoes
by a ghost of those winters
that haunt morning people

a terra ainda está congelada
escrevo um cartão dizendo
máquinas cultivaram as flores que envio
para serem jogadas na sua sepultura.

Ocasionalmente nos cruzamos no corredor
geralmente calados e apressados mas lutando
do mesmo lado.
Você me parabenizou pelo meu último livro
numa reunião do Black Caucus
você era reconhecido
pela sua risada sincera
e você poderia ter sido meu saudoso
parceiro de mesa da segunda série chamado Alvin
crescido num passe de outra mágica
mas nós nunca tivemos tempo suficiente
só para conversar.

II.

De um aeroporto em direção ao sul
a terra se torna lentamente mais verde
passamos pela primeira piscina
cheia de água azul
este inverno está quase no fim
eu não quero escrever um poema sobre a natureza
quero escrever sobre a morte não natural
de um homem jovem de 37 anos
devorando a si mesmo em segredo por coragem
até que desapareceu
sangrando por dentro até a morte.
Ele receberá panegíricos pelos ecos
dos fantasmas daqueles invernos
que assombram pessoas matinais

wearing away our days like smiling water
in southern pools
leaving psychic graffiti
clogging the walls of our hearts
carving out ulcers inside our stomachs
from which we explode
or bleed to death.

III.

The day after your burial
John Wade slid off his chair
onto the carpet in the student cafeteria
and died there on the floor
between Abnormal Psychology and a half-finished
cup of black coffee.
Cafeteria guards rushed him out
the back door between classes
and we never knew until a week later
that he had even been ill.

I am tired of writing memorials to black men
whom I was on the brink of knowing
weary like fig trees
weighted like a crepe myrtle
with all the black substance poured into earth
before earth is ready to bear.
I am tired of holy deaths
of the ulcerous illuminations the cerebral accidents
the psychology of the oppressed
where mental health is the ability
to repress
knowledge of the world's cruelty.

desgastando nossos dias como água sorridente
nas piscinas do sul
deixando um grafite psíquico
obstruindo as paredes dos nossos corações
esculpindo úlceras nos nossos estômagos
pelas quais explodiremos
ou sangraremos até a morte.

III.

No dia seguinte ao seu enterro
John Wade deslizou da cadeira dele
caindo no carpete da cantina dos estudantes
e morreu lá no chão
entre Psicologia Desviante e a metade não tomada
de uma xícara de café.
Seguranças da cantina se apressaram em levá-lo
pela porta dos fundos entre as aulas
e nunca soubemos que ele estava doente
até a semana seguinte ao acontecido.

Estou cansada de escrever memoriais para homens negros
que estive prestes a conhecer
esgotados como figueiras
pesados como uma resedá
com toda a substância negra depositada na terra
antes de a terra estar pronta para carregá-la.
Estou cansada de mortes santificadas
por iluminações ulcerosas os acidentes cerebrais
a psicologia do oprimido
onde a saúde mental é a capacidade
de reprimir
o conhecimento da crueldade do mundo.

IV.

Dear Danny who does not know me
I am
writing to you for your father
whom I barely knew
except at meetings where he was
distinguished
by his genuine laughter
and his kind bright words
Danny son of Alvin
please cry
whenever it hurts
remember to laugh
even when you do battle
stay away from coffee and fried plastic
even when it looks like chicken
and grow up
black and strong and beautiful
but not too soon.

We need you
and there are so few
left.

IV.

Querido Danny você não sabe quem
eu sou
escrevo para você por causa do seu pai
que eu mal conhecia
exceto pelas reuniões em que era
reconhecido
por sua risada realmente sincera
e suas palavras brilhantes gentis
Danny filho de Alvin
por favor chore
toda vez que doer
lembre-se de sorrir
mesmo quando lutar
fique longe do café e do plástico frito
ainda que às vezes se pareça com frango
e cresça
negro e forte e bonito
mas não tão rápido.

Nós precisamos de você
e restam tão poucos
de nós.

Chorus

Sun
make me whole again
to love
the shattered truths of me
spilling out like dragon's teeth
through the hot lies
of those who say they love
me
when I am done
each shard will spring up
complete and armed
like a warrior woman
hot to be dealt with
slipping through alleyways
of musical night people humming
Mozart
was a white dude.

Refrão

Sol
faça-me inteira novamente
para amar
as verdades estilhaçadas de mim
espalhadas como dentes de dragão
através das mentiras quentes
daqueles que dizem que
me amam
quando eu acabar
cada caco se erguerá
inteiro e armado
como uma guerreira
difícil de encarar
deslizando pelos becos
de noites musicais com pessoas cantarolando
Mozart
era um cara branco.

Coping

It has rained for five days
running
the world is
a round puddle
of sunless water
where small islands
are only beginning
to cope
a young boy
in my garden
is bailing out water
from his flower patch
when I ask him why
he tells me
young seeds that have not seen sun
forget
and drown easily.

Suportar

Choveu por cinco dias
corridos
o mundo é
uma poça redonda
de água nublada
onde pequenas ilhas
estão apenas começando
a suportar
um menino
no meu jardim
está tirando água
de seu canteiro de flores
quando eu pergunto a ele por que
ele me diz
jovens sementes que não viram o sol
esquecem
e se afogam facilmente.

To Martha: A new year

As you search over this year
with eyes your heart has
sharpened
remember longing.

I do not know your space now
I only seek a woman whom I love
trapped there
by accident.
but places do not change
so much
as what we seek in them
and faith will serve
along the way
to somewhere else
where work begins.

Para Martha: Um ano novo

Enquanto você procura ao longo desse ano
com os olhos seu coração foi
afiado
lembre-se do desejo.

Eu não conheço o seu espaço agora
eu só busco uma mulher a quem eu amo
aprisionada lá
por acidente.
mas os lugares não mudam
tanto assim
quanto o que buscamos dentro deles
a fé servirá
na extensão do caminho
para algum outro lugar
onde o trabalho começa.

In Margaret's garden

When I first saw you blooming the color was now
protests sprang from your rapid hands
like a second set of fingers
you were learning to use
the betrayal of others
in place of your own pain
and your mouth was smiling
off-center
in the total confusion.

I never saw nor visited by day
the place where your swans
were conquered.
When I met you again
your mouth had centered
into aloneness
you said you had come apart
but your earth had been nourished
into a new garden of strong smells.

I felt you wanting
to mourn
the innocence of beginnings
that old desire for blandness.

No jardim de Margaret

Quando vi você florescendo pela primeira vez a cor era agora
protestos brotavam de suas mãos ligeiras
como um segundo par de dedos
você estava aprendendo a usar
a traição dos outros
no lugar da sua própria dor
e sua boca sorria
fora de esquadro
em total confusão.

Nunca vi nem te visitei durante o dia
o lugar onde seus cisnes
foram derrotados.
Quando te encontrei novamente
sua boca estava centrada
na solidão
você disse que tinha se despedaçado
mas sua terra tinha sido adubada
num novo jardim de aromas fortes.

Senti seu desejo
de viver o luto
pela inocência dos começos
e o antigo desejo por brandura.

I feel your sadness
deep in the center of me
and I make a pact with you sister
if you will not sorrow
I will not tell.

**Eu sinto a sua tristeza
profunda bem dentro de mim
e faço um pacto com você irmã
se você não sofrer
eu não conto para ninguém.**

Scar

This is a simple poem.
for the mothers sisters daughters
girls I have never been
for the women who clean the Staten Island ferry
for the sleek witches who burn
me at midnight
in effigy
because I eat at their tables
and sleep with their ghosts.

Those stones in my heart are you
of my own flesh
whittling me with your sharp false eyes
laughing me out of your skin
because you do not value your own
life
nor me.

This is a simple poem
I will have no mother no sister no daughter
when I am through
and only the bones are left
see how the bones are showing

Cicatriz

Este é um poema simples.
para as mães irmãs filhas
meninas que eu nunca fui
paras as mulheres que limpam a barca de Staten Island
para as bruxas lustrosas que
me queimam à meia-noite
em efígie
porque eu me sento às suas mesas
e durmo com os seus fantasmas.

Aquelas pedras no meu coração são vocês
da minha própria carne
entalhando-me com seus afiados olhos falsos
rindo de mim até me expulsar de sua pele
porque vocês não valorizam a própria
vida
ou a mim.

Este é um poema simples
não terei mãe nem irmã nem filha
quando eu chegar ao fim
e sobrarem somente os ossos
veja como os ossos estão revelando

the shape of us at war
clawing our own flesh out
to feed the backside of our masklike faces
that we have given the names of men.

Donald deFreeze I never knew you so well
as in the eyes of my own mirror
did you hope
for blessing or pardon
lying
in bed after bed
or was your eye sharp and merciless enough
to endure
beyond the deaths of wanting?

With your voice in my ears
with my voice in your ears
try to deny me
I will hunt you down
through the night veins of my own addiction
through all my unsatisfied childhoods
as this poem unfolds
like the leaves of a poppy
I have no sister no mother no children
left
only a tideless ocean of moonlit women
in all shades of loving
learning the dance of open and closing
learning a dance of electrical tenderness
no father no mother would teach them.

as silhuetas de nós em guerra
cravando as garras na própria carne
para alimentar o verso de nossos rostos que parecem
                            [máscaras
aos quais demos os nomes de homens.

Donald deFreeze eu nunca te conheci tão bem
como nos olhos do meu próprio espelho
será que você esperava
por bênção ou perdão
deitando-se
numa cama atrás da outra
ou era seu olhar cortante e impiedoso o bastante
para aguentar
mais que mortes do desejo?

Com sua voz nos meus ouvidos
com minha voz nos seus ouvidos
tente me renegar
eu vou te caçar
pelas veias noturnas do meu vício
por todas as minhas infâncias insatisfeitas
enquanto este poema desabrocha
como as pétalas de uma papoula
eu não tenho irmã nem mãe nem filhos
não sobrou ninguém
só um oceano inerte de mulheres banhadas pela lua
em todos os tons de amor
aprendendo a dança de abrir e fechar
aprendendo uma dança de ternura elétrica
que nenhum pai nenhuma mãe ensinaria a elas.

Come Sambo dance with me
pay the piper dangling dancing
his knee-high darling
over your wanting under your bloody
white faces come Bimbo come Ding Dong
watch the city falling down down
down lie down bitch slow down nigger
so you want a cozy womb to hide you
to pucker up and suck you back
safely
well I tell you what I'm gonna do
next time you head for the hatchet
really need some nook to hole up in
look me up
I'm the ticket taker on a queen
of roller coasters
I can get you off
cheap.

This is a simple poem
sharing my head with dreams
of a big black woman with jewels in her eyes
she dances
her head in a golden helmet
arrogant
plumed
her name in Colossa
her thighs are like stanchions
or flayed hickory trees
embraced in armour
she dances
slow earth-shaking motions
that suddenly alter

Venha Sambo dance comigo
aguente as consequências dance balançando
sua querida com os joelhos levantados
acima do seu desejo debaixo de suas malditas
caras brancas venha Bimbo venha Ding Dong
assistam à cidade vindo abaixo
abaixa deita no chão puta baixa aí negão
então você quer um útero aconchegante para te esconder
fazer um biquinho e te sugar de volta
em segurança
eu te digo o que vou fazer, então
da próxima vez que você procurar pela machadinha
realmente necessitado de um buraco por onde desaparecer
procure por mim
sou eu quem recolho os tickets
na rainha das montanhas russas
posso dar um jeito
vai sair barato.

Este é um poema simples
compartilhando meus pensamento e sonhos
de uma grande mulher negra com joias nos olhos
ela dança
sua cabeça num elmo dourado
arrogante
emplumada
seu nome numa Colossa
suas coxas são como pilastras
ou nogueiras descascadas
abraçadas pela armadura
ela dança
tremendo a terra devagar com seus movimentos
que repentinamente se alteram

and lighten
as she whirls laughing
the tooled metal over her hips
comes to an end
and at the shiny edge
an astonishment
of soft black curly hair.

e suavizam
enquanto ela rodopia sorrindo
o metal enfeitado sobre os seus quadris
chega ao fim
e na ponta brilhante
um espanto
de cabelos pretos macios cacheados.

Portrait

Strong women
know the taste
of their own hatred
I must always be
building nests
in a windy place
I want the safety of oblique numbers
that do not include me
a beautiful woman
with ugly moments
secret and patient
as the amused and ponderous elephants
catering to Hannibal's ambition
as they swayed on their own way
home.

Retrato

Mulheres fortes
conhecem o gosto
de seu próprio ódio
estou sempre
construindo ninhos
onde venta muito
quero a segurança de números oblíquos
que não me incluem
uma mulher bonita
com momentos feios
discreta e paciente
como os elefantes pesados e divertidos
atendendo à ambição de Aníbal
enquanto se balançavam em seu caminho
para casa.

A song for many movements

Nobody wants to die on the way
caught between ghosts of whiteness
and the real water
none of us wanted to leave
our bones
on the way to salvation
three planets to the left
a century of light years ago
our spices are separate and particular
but our skins sing in complimentary keys
at a quarter to eight mean time
we were telling the same stories
over and over and over.

Broken down gods survive
in the crevasses and mudpots
of every beleaguered city
where it is obvious
there are too many bodies
to cart to the ovens
or gallows
and our uses have become
more important than our silence
after the fall

Uma canção para muitos movimentos

Ninguém quer morrer pelo caminho
capturada entre fantasmas da brancura
e a água de verdade
nenhum de nós quis deixar
nossos ossos
no caminho da salvação
três planetas à esquerda
um século de anos luz atrás
nossos temperos são distintos e únicos
mas nossas peles cantam em tons complementares
às quinze para as oito em ponto
nós estávamos contando as mesmas histórias
de novo de novo e de novo.

Deuses despedaçados sobrevivem
em fendas e fontes termais
de cada cidade sitiada
onde é óbvio
há corpos demais
para carregar até os fornos
ou aos patíbulos
e nossos hábitos têm se tornado
mais importantes que nosso silêncio
depois da queda

too many empty cases
of blood to bury or burn
there will be no body left
to listen
and our labor
has become more important
than our silence.

Our labor has become
more important
than our silence.

muitos reservatórios de sangue vazios
para enterrar ou queimar
não sobrarão corpos
para ouvir
e nosso trabalho
tem se tornado mais importante
que nosso silêncio.

Nosso trabalho tem se tornado
mais importante
que o nosso silêncio.

Brother Alvin

In the seat that we shared in the second grade
there was always a space between us
left for our guardian angels.
We had made it out of the brownies together
because you knew your numbers
and could find the right pages
while I could read all the words.
You were absent a lot between Halloween
and Thanksgiving
and just before Christmas vacation
you disappeared
along with the tinsel
and paper turkeys
and never returned.

My guardian angel and I had the seat to ourselves
for a little while only
until I was demoted back to the brownies
because I could never find the correct page.

You were not my first death.
but your going was not solaced by the usual
rituals of separation
the dark lugubrious murmurs

Irmão Alvin

Na mesa que nós dividimos na segunda série
havia sempre um espaço entre nós
deixado para os nossos anjos da guarda.
Nós conseguimos sair do grupo dos últimos juntos
porque você entendia dos números
e podia achar as páginas certas
enquanto eu conseguia ler todas as palavras.
Você faltou muito entre o Halloween
e o dia de Ação de Graças
e um pouco antes das férias de Natal
você desapareceu
junto com os perus
de papel e fita
e nunca voltou.

Meu anjo da guarda e eu tínhamos a mesa só para nós
mas durou pouco tempo
fui rebaixada para o grupo dos últimos
porque eu nunca conseguia achar a página certa.

Você não foi a minha primeira morte
mas sua partida não foi consolada pelos costumeiros
rituais de separação
os longos murmúrios sombrios

and invitations by threat
to the dignified grownups' view
of a child's inelegant pain
so even now
all these years of death later
I search through the index
of each new book
on magic
hoping to find some new spelling
of your name.

e os convites em tom de ameaça
às perspectivas adultas
sobre a dor deselegante de uma criança
então até agora
e em todos esses anos depois da sua morte
eu procuro nos índices
de cada novo livro
por um passe de mágica
esperando encontrar alguma nova grafia
do seu nome.

School note

My children play with skulls
for their classrooms are guarded by warlocks
who scream at the walls collapsing
into paper toilets
plump witches mouth ancient curses
in an untaught tongue
test children upon their meaning
assign grades
in a holocaust ranging
from fury down through contempt.

My children play with skulls
at school
they have already learned
to dream of dying
their playgrounds were graveyards
where nightmares of no
stand watch over rented earth
filled with the bones of tomorrow.

My children play with skulls
and remember
for the embattled

Bilhete da escola

Meus filhos brincam com crânios
pois suas salas de aula são guardadas por magos
que gritam para as paredes se desfazendo
em papel higiênico
bruxas rechonchudas recitam antigas maldições
numa língua não ensinada
testam as crianças a respeito de seus significados
atribuem notas
num espectro de holocausto
que vai da fúria até o desprezo.

Meus filhos brincam com crânios
na escola
eles já aprenderam
a sonhar com a morte
seus parquinhos eram cemitérios
onde pesadelos de não
vigiarem uma terra alugada
preenchiam os ossos do amanhã.

Meus filhos brincam com crânios
e não esquecem que
para os combatentes

there is no place
that cannot be
home
nor is.

não há lugar
que não possa ser
um lar
nem que seja.

Digging

In the rusty pages of Gray's Anatomy
in witchcraft and chewing gum
on sundays
I have sought you in the rings around oak trees
on each of the twelve moons of Jupiter
on Harlem streets
peeping up at the secrets pregnant women carry
like a swollen threat
beneath the flowers of their gathered blouses
and under the breasts of a summer night
smelling of the kerosene and red pepper
my mother used to frighten out bedbugs
hidden between my toes
or was it only dream beads of sweat
I suffered
before I could slip
through nightmare
into the patient world of sleep
vanishing like a swallowed flower
and for years afterward I would wake
in August
to the left-over scent
of a child's tears
on my pillow.

Escavando

Nas páginas oxidadas de Gray's Anatomy
na bruxaria e mascando chiclete
aos domingos
tenho procurado por você nos anéis em torno dos carvalhos
em cada uma das doze luas de Júpiter
nas ruas do Harlem
espiando os segredos que as grávidas carregam
como uma ameaça inchada
debaixo das flores em suas blusas sobrepostas
e debaixo de seios de uma noite de verão
cheirando a querosene e pimenta vermelha
que minha mãe usava para espantar percevejos
escondidos entre meus dedos dos pés
ou eram apenas sonhos gotas de suor
eu sofri
antes de que pudesse escorregar
pelo pesadelo
dentro do mundo paciente do sono
desaparecendo como uma flor engolida
e por muitos outros anos eu acordaria
em agosto
com o aroma residual
de lágrimas infantis
no meu travesseiro.

In the stone machine
that smells of malachite and jasper
of coprolites undercutting and crazed
in the stone machine
twirled green dust burns my nose
like Whitsuntide fire.

I send you a gift of Malachite.
Of Amber, for melancholy.
Of Turquoise, for your heart's ease.

In the stone museum
ancient tapestries
underline sense
with an animal
touching the organ's place.

Na máquina de cortar pedra
que cheira a malaquita e jaspe
de coprólitos desgastados e enlouquecidos
na máquina de cortar pedra
o pó verde rodopiante queima meu nariz
como o fogo de Pentecostes.

Envio um presente de malaquita para você.
De âmbar, para melancolia.
De turquesa para aliviar seu coração.

No museu de rochas
tapeçarias antigas
destacam a sensação
com um animal
tocando o lugar do órgão.

Outside

In the center of a harsh and spectrumed city
all things natural are strange.
I grew up in a genuine confusion
between grass and weeds and flowers
and what colored meant
except for clothes you couldn't bleach
and nobody called me nigger
until I was thirteen.
Nobody lynched my momma
but what she'd never been
had bleached her face of everything
but very private furies
and made the other children
call me yellow snot at school.

And how many times have I called myself back
through my bones confusion
black
like marrow meaning meat
and how many time have you cut me
and run in the streets
my own blood
who do you think me to be

Lá fora

No centro de uma cidade dura habitada por espectros
todas as coisas naturais são estranhas.
Eu cresci numa verdadeira confusão
entre grama ervas e flores
e o que significava *de cor*
além das roupas que não podiam ir no alvejante
e ninguém me chamou de crioula
até eu ter treze anos.
Ninguém linchou minha mãe
mas o que ela nunca tinha sido
tinha clareado seu rosto de tudo
menos de suas fúrias muito particulares
e fizeram as outras crianças
me chamarem de ranho amarelo na escola.

E quantas vezes eu me chamei de volta
em meio à confusão dos meus ossos
preta
como medula querendo dizer carne
e quantas vezes você me cortou
e correu pelas ruas
meu próprio sangue
quem você acha que eu sou

that you are terrified of becoming
or what do you see in my face
you have not already discarded
in your own mirror
what face do you see in my eyes
that you will someday
come to
acknowledge your own?
Who shall I curse that I grew up
believing in my mother's face
or that I lived in fear of potent darkness
wearing my father's shape
they have both marked me
with their blind and terrible love
and I am lustful now for my own name.

Between the canyons of their mighty silences
mother bright and father brown
I seek my own shapes now
for they never spoke of me
except as theirs
and the pieces I stumble and fall over
I still record as proof
that I am beautiful
twice
blessed with the images
of who they were
and who I thought them once to be
of what I move
toward and through
and what I need
to leave behind me
most of all

que você está aterrorizada em se tornar
o que você vê no meu rosto
que não tenha já descartado
em seu próprio espelho
qual rosto você vê nos meus olhos
que um dia
virá
a reconhecer como seu?
Quem eu devo amaldiçoar por ter crescido
acreditando no rosto da minha mãe
ou por ter vivido com medo da escuridão potente
usando a forma do meu pai
eles dois me marcaram
com seu amor cego e terrível
e agora estou ávida pelo meu próprio nome.

Entre os desfiladeiros de seus silêncios poderosos
minha mãe brilhante e meu pai escuro
busco minhas próprias formas agora
pois eles nunca falaram de mim
a não ser como deles
e os pedaços nos quais tropeço e caio
eu ainda guardo como prova
de que sou bonita
duas vezes
abençoada com as imagens
de quem eles foram
de quem uma vez pensei que eles fossem
das quais me afasto
em direção e em meio
ao que preciso
deixar para trás
acima de tudo

I am blessed within my selves
who are come to make our shattered faces
whole.

sou abençoada dentro de todos os meus eus
que vêm a transformar nossos rostos despedaçados
num inteiro.

Therapy

trying to see you
my eyes grow
confused
it is not your face
they are seeking
fingering through your spaces
like a hungry child
even now
I do not want
to make a poem
I want to make you
more and less
a part
from my self.

Terapia

Tentando ver você
meus olhos ficam
confusos
não é o seu rosto
que eles procuram
tateando pelos espaços
como uma criança faminta
mesmo agora
eu não quero
fazer um poema
quero tornar você
mais ou menos
uma parte
de mim.

**The same death over and over
or
Lullabies are for children**

"It's the small deaths in the supermarket" she said
 trying to open my head
 with her meat white cleaver
 trying to tell me how
 her pain met mine
 halfway
 between the smoking ruins in a black neighborhood of
                                [Los Angeles
 and the bloody morning streets of child-killing New York.

 Her poem reached like an arc across country and
 "I'm trying to hear you" I said
  roaring with my pain in a predawn city
  where it is open season on black children
  where my worst lullaby goes on over and over.
 "I'm not fighting you" I said
 "but it's the small deaths in the gutter
  that are unmaking us all
  and the white cop who shot down 10-year-old Clifford Glover
  did not fire because he saw a girl."

A mesma morte várias e várias vezes
ou
Canções de ninar são para crianças

"São as pequenas mortes no supermercado" ela disse
tentando abrir a minha cabeça
com seu cutelo de carne branca
tentando me contar como
a dor dela encontrou a minha
no meio do caminho
entre as ruínas fumegantes num bairro negro de Los Angeles
a malditas manhãs nas ruas infanticidas de Nova York.

O poema dela se estendeu como um arco cruzando o país e
"estou tentando ouvir você" eu disse
urrando com minha dor antes do amanhecer na cidade
onde está aberta a temporada de caça a crianças negras
onde minha pior canção de ninar se repete várias vezes.
"Não estou lutando com você" eu disse
"mas contra as pequenas mortes na sarjeta
que estão desfazendo todas nós
e o policial branco que matou Clifford Glover de dez anos
que não atirou porque ele viu uma menina."

Ballad for ashes

Nobody lives!
cried the thin man
high on the sunny stone steps
of my house
dreaming
he lied
I saw him come
flying
down to the ground
with a thud.

I touched his bruised face
with my fingers
in the low sun.

A man crept up
to a golden cup
to beg for a drink
the water was cold
but the edges of gold
slit his lips like a sieve.

Balada para cinzas

Ninguém vive!
gritou o homem magro
no alto dos degraus de pedra ensolarados
da minha casa
sonhando
que ele mentia
eu o vi chegar
voando
aterrissando no chão
com um baque.

Toquei seu rosto machucado
com meus dedos
no sol baixo.

Um homem engatinhou
até a xícara dourada
e implorou por uma bebida
a água estava gelada
mas as bordas de ouro
abriram seus lábios como uma peneira.

PARTE 3

A woman/Dirge for wasted children

for Clifford

Awakening
rumors of the necessity for your death
are spread by persistent screaming flickers
in the morning light
I lie
knowing it is past time for sacrifice
I burn
like the hungry tongue of an ochre fire
like a benediction of fury
pushed before the heel of the hand
of the thunder goddess
parting earth's folds with a searching finger
I yield
one drop of blood
which I know instantly
is lost.

A man has had himself
appointed
legal guardian of fetuses.
Centuries of wasted children
warred and whored and slaughtered
anoint me guardian
for life.

Uma mulher / Canção fúnebre para crianças desperdiçadas

Para Clifford

Desperto
rumores sobre a necessidade de sua morte
são espalhados por centelhas que gritam persistentes
na luz da manhã
fico deitada
sabendo que o tempo do sacrifício já passou
eu queimo
como a língua faminta de uma chama ocre
como uma invocação de fúria
pressionada contra a palma da mão
da deusa do trovão
partindo dobras geológicas com seu dedo indicador
eu entrego
uma gota de sangue
que sei no mesmo instante
estar perdida.

Um homem tinha nomeado
a si mesmo
guardião legal dos fetos.
Séculos de crianças desperdiçadas
combatidas e prostituídas e assassinadas
ungem-me guardiã
por toda a vida.

But in the early light
another sacrifice is taken
unchallenged
a small dark shape rolls down
a hilly slope
dragging its trail of wasted blood
upon the ground
I am broken
into clefts of screaming
that sound like the drilling flickers
in treacherous morning air
on murderous sidewalks
I am bent
forever
wiping up blood
that should be
you.

Mas à luz do amanhecer
outro sacrifício é feito
sem ser desafiado
uma pequena silhueta escura rola
um declive da colina
arrastando seu rastro de sangue desperdiçado
pelo chão
eu estou quebrada
em fendas de gritos
que soam como perfurações cintilantes
no ar traiçoeiro das manhãs
nas calçadas assassinas
eu estou curvada
para sempre
limpando o sangue
que deveria ser
você.

Parting

Belligerent and beautiful as a trapped ibis
your lean hands are a sacrifice
spoken three times
before dawn
there is blood in the morning egg
that makes me turn and weep
I see you
weaving pain into garlands
the shape of a noose
while I grow
weary
of licking my heart
for moisture
cactus tongued.

Partindo

Belas e beligerantes como um íbis engaiolado
suas mãos finas são um sacrifício
pronunciado três vezes
antes do amanhecer
há sangue no ovo da manhã
que me faz virar e chorar
eu vejo você
tecendo a dor em guirlandas
a forma de um nó corredio
enquanto eu vou ficando
exausta
de lamber meu coração
para hidratá-lo
a língua um cacto.

Timepiece

In other destinies of choice
you could have come redheaded
with a star between your thighs
and morning like tender mushrooms
rising up around your toes
curled like a Shantung woman's toes
pausing to be loved
in the rice fields at noon
or as sharpened young eyeteeth
guarded in elegant blackness
erotic and hidden as yam shoots
in the parted mouth of dawn
balancing your craft as we went
upstream for water
Elegba's clay pot whistling upon your head.

But we were new for this time
and used wild-edged pieces of rock
struck off with a blunted hammer
spread
under high sun
and the rocks cry out
while we tell the course
of each other's tongue

Relógio

Em outros destinos à escolha
você poderia ter vindo ruiva
com uma estrela entre as suas coxas
e matinal como os cogumelos delicados
brotando em torno dos dedos dos pés
curvados como os dedos dos pés de uma mulher de Shantung
fazendo uma pausa para ser amada
nos campos de arroz à meia-noite
ou afiados como dentes caninos recentes
protegidos num negrume elegante
erótico e escondido igual brotos de inhame
na boca entreaberta do alvorecer
equilibrando sua arte conforme fomos
rio acima em busca d'água
a moringa de Eleguá assobiando sobre a sua cabeça.

Mas nós éramos novas para essa época
e usávamos rochas de bordas afiadas
atingidas com a força do martelo
espalhadas
sob o sol
e as rochas berram
enquanto ditamos o percurso
da língua uma da outra

with stones
in the place where the priestess
hurtled out palm-nuts
from enchanted fingers
and the stones mix
the colors of rainbows
flashing
you came like a wheaten song.

com pedras
no lugar onde a sacerdotisa
pilava sementes de dendezeiro
com dedos encantados
e as pedras misturam
as cores do arco-íris
reluzindo
você gozou como uma canção do trigo.

Fog report

In this misty place where hunger finds us
seeking direction
I am too close to you to be useful.
When I speak
the smell of love on my breath
distracts you
and it is easier for me
to move
against myself in you
than to solve my own equations.

I am often misled
by your familiar comforts
the shape of your teeth is written
into my palm like a second lifeline
when I am fingerprinted
the taste of your thighs
shows up
outlined in the ink.
They found me wandering at the edge
of a cliff
beside nightmares of your body
"Give us your name and place of birth
and we will show you the way home."

Alerta de nevoeiro

Neste lugar enevoado onde a fome nos encontra
buscando direção
estou perto demais para lhe ser útil.
Quando eu falo
o cheiro do amor no meu hálito
distrai você
e é mais fácil para mim
me mover
contra mim em você
do que resolver minhas próprias equações.

Sou distraída com frequência
pelos seus confortos familiares
a arcada dos seus dentes está escrita
como uma segunda linha da vida da minha mão
quando apresento minhas digitais
o gosto das suas coxas
aparece
delineado na tinta.
Eles me encontraram vagando à beira
de um abismo
ao lado de pesadelos com seu corpo
"Diga seu nome e local de nascimento
e mostraremos a você o caminho de casa."

I am tempted
to take you apart
and reconstruct your orifices
your tongue your truths your fleshy altars
into my own forgotten image
so when this fog lifts
I could be sure to find you
tethered like a goat
in my heart's yard.

Sou tentada
a criticar você cruelmente
e reconstruir seus orifícios
sua língua suas verdades seus altares carnais
à semelhança da minha imagem esquecida
então quando essa névoa passar
eu poderia ter a certeza de te encontrar
amarrada como uma cabra
no quintal do meu coração.

Pathways: from mother to mother

Tadpoles are legless and never learn to curtsy
birds cannot pee
in spring
black snakes go crazy
bowing out of the presence of kings.
Digging beneath a river bed
whose heart is black and rosy
I find the sticky ooze I learned
rejecting all my angels.
It puzzled my unborn children
and they paused in my frightened womb
a decade or two long
breaking apart what was begun
as marriage. My mother wept.
Fleshy lemmings dropped like corn
into her hopper
popping as they hit the water
and hungry tadpoles
winnowed up my falls.

Wherever she wore ivory
I wear pain.

Caminhos: de mãe para mãe

Girinos não têm pernas e nunca aprendem a fazer mesuras
pássaros não podem fazer xixi
na primavera
cobras rasteiras ficam loucas
desistem da presença dos reis.
Cavando debaixo do leito do rio
cujo coração é preto e rosado
encontro o lodo pegajoso que conheci
rejeitando todos os meus anjos.
Isso confundiu meus filhos não nascidos
e eles ficaram inertes em meu útero assustado
por uma década ou duas
separando o que tinha começado
como casamento. Minha mãe chorou.
Lemingues rechonchudos despencaram feito milho
no funil dela
estalando conforme eles atingiam a água
e girinos famintos
removiam as cascas de minhas quedas.

Toda vez que ela usava marfim
eu usava dor.

Imprisoned in the pews of memory
beneath the scarlet velvet
is a smile. My mother
weeping
gouts of bloody wisdom
pewed oracular and seminal as rape
pursues me through the nightmares
of this wonderland of early learning
where I wander cryptic as a saint
tightmouthed as cuttlefish
darting beneath and over
vital flaws unstitched like crazy patchwork
until analyzed and useless I
crest in a shoal of missing mommies
paid and made in beds of consecration
worshiped by rituals in which
I do not believe
nor find a place to kneel and rest
out of the storm of strangers and demands
drowning in flooded churches
thick with rot and swollen with confusion
lashed to a raft of grins aligned in an enemy reason
I refuse to learn again.

Item: birds cannot pee
and so they shat upon our heads
while we learned how
to bow
out
of the presence of kings.

Aprisionada nas congregações da memória
por baixo do veludo escarlate
está um sorriso. Minha mãe
chorando
abcessos de maldita sabedoria
oracular congregacional e seminal como estupro
me persegue pelos pesadelos
neste país das maravilhas de aprendizados precoces
onde vago enigmática como uma santa
taciturna como uma lula
avançando por baixo e em cima
de falhas vitais descosturadas como uma louca colcha
                              [de retalhos
até que analisada e inútil eu
atinjo o topo de um cardume de mães ausentes
pagas e feitas em camas de consagração
cultuadas em rituais em que
não acredito
nem encontro um lugar para ajoelhar e descansar
fora da tempestade de estranhos e exigências
afogada em igrejas inundadas
cheias de podridão e inchadas com confusão
atada a uma jangada de sorrisos alinhados a uma razão
                              [inimiga
eu me recuso a aprender outra vez.

Fato: pássaros não podem fazer xixi
e por isso eles cagaram nas nossas cabeças
enquanto nós aprendíamos como
nos curvar
fora
da presença dos reis.

Death dance for a poet

Hidden in a forest of questions
unwilling to embrace blackthorn trees
to yield
to go into madness gracefully
or alone
the woman is no longer young
she has come to hate slowly
her skin of transparent metal
the sinuous exposure without reprieve
her eyes of clay
heavy with the fruit of prophetic dreaming.

In the hungers of silence
she has stolen her father's judgments
as the moon kneels
she lies
with her lover sun
wild with the pain
of her meticulous chemistry
her blind answers
the woman is eating her magic alone
crusts of quiet
breed a delusion
she is eternal

Dança da morte para uma poeta

Escondida numa floresta de perguntas
indisposta a abraçar os espinheiros negros
a me render
a adentrar na loucura graciosamente
ou sozinha
a mulher não é mais jovem
lentamente ela passou a odiar
sua pele de metal transparente
a exposição sinuosa sem clemência
seus olhos de argila
carregados com os frutos de sonhos proféticos.

Nas fomes do silêncio
ela rouba os julgamentos de seu pai
conforme a lua se ajoelha
ela se deita
com seu amante sol
indomável com a dor
da química meticulosa
suas perguntas cegas
a mulher está comendo sua magia sozinha
cascas de quietude
o pão uma desilusão
ela é eterna

and stripping herself of night
she wanders
pretending
a borrowed fire
within her eyes.

Under the myrtle tree
unconcerned with not being
a birch
the woman with skin of transparent metal
lies on a cloak of sleep grass
closing at the first touch
unrelieved
clay-eyed and holy beyond comfort or mercy
she accepts the burden of sun
pouring a pan of burning salt
over her shining body
over the piercing revelations
of sinew and bone
her skin grows
soft and opaque.

And out of the ashes
and her range of vision
the executioners advance.

e se despindo da noite
ela vaga
fingindo
um fogo emprestado
dentro dos olhos.

Debaixo do pé de murta
despreocupada por não ser
uma bétula
a mulher com a pele de metal transparente
deita-se numa capa de dormideiras
fechando ao primeiro toque
inquieta
com olhos de argila e sagrada para além do conforto e da
 [misericórdia
ela aceita o fardo do sol
derramando uma panela de sal em chamas
sobre seu corpo reluzente
sobre suas revelações cortantes
de tendão e osso
sua pele torna-se mais
macia e opaca.

E saindo das cinzas
e do seu campo de visão
os carrascos avançam.

Dream/songs from the Moon of Beulah land I-V

I.

How much love can I pour into you I said
before it runs out of you
like undigested spinach
or shall I stuff you
like a ritual goose
with whatever you think
you want of me
and for whose killing
shall I grow you up
to leave me
to mourn
in the broken potsherds
upon my doorstep
in silent tears of the empty morning?

But I'm not going anywhere you said
why is there always
another question
beyond the last question
answered
out of your mouth
another storm?

Sonho/Canções para a Lua da terra de Beulah I-V

I.

Quanto amor posso derramar em você eu disse
antes que ele transborde de você
como espinafre não digerido
ou eu deveria te estufar
como um ganso para um ritual
com seja lá o que você pensa
que você quer de mim
e para as mortes de quem
eu deveria preparar você
para me deixar
para fazer o luto
nas lascas de cerâmica antiga
na minha porta
nas lágrimas silenciosas da manhã vazia?

Mas eu não vou a lugar nenhum você disse
Por que sempre há
uma outra questão
além da última questão
respondida
sai da sua boca
uma outra tempestade?

It's happening
I said.

II.

Whenever I look for you the wind
howls with danger
beware the tree arms scream
what you are seeking
will find you
in the night
in the fist of your dreaming
and in my mouth
the words became sabers
cutting my boundaries
to ribbons
of merciless light.

III.

I dreamt you were driving me
in a big black Mazda
the car with a rotary engine
that ate up three kinds of gas at the same time
and whenever we came
to a station upon our journey
I would have to jump out
and explain
to the redfaced attendant
with a panting hose in his hand
that each kind of gas
gave us very different mileage
and we needed them all
for the combined use of all three

Está acontecendo
eu disse.

II.

Toda vez que procuro por você o vento
uiva com perigo
cuidado os braços das árvores gritam
o que você está procurando
vai te encontrar
na noite
no punho do seu sonho
e na minha boca
as palavras se tornam sabres
cortando meus limites
em fitas
de luz impiedosa.

III.

Sonhei que você me levava
num grande Mazda preto
o carro com um motor giratório
que bebia três tipos de gasolina ao mesmo tempo
e toda vez que nós chegávamos
a um posto em nosso caminho
eu tinha que sair
e explicar
ao atendente de cara vermelha
com a mangueira ofegante na mão
que cada tipo de gasolina
nos dava quilometragens muito diferentes
e nós precisávamos de todas
pois o uso combinado das três

would get us to where we were going
with a great economy
of energy.

IV.

You say I am
sound as a drum
but that's very hard to be
as you cover your ears
with academic parchment
be careful
you might rip the cover
with your sharp nails
and then I will not sound at all.

To put us another way
what I come wrapped in
should be familiar to you
as hate is
what I come wrapped in
is close to you
as love is
close
to death
or your lying tongue
surveying the countries
of our mouths.

If I were drum
you would beat me
listening for the echo
of your own touch

nos levaria para onde estávamos indo
com uma grande economia
de energia.

IV.

Você diz que eu sou
barulhenta como um atabaque
mas isso é muito difícil de ser
quando você tapa seus ouvidos
com pergaminho acadêmico
tenha cuidado
você pode rasgar o couro
com suas unhas afiadas
e aí não farei barulho algum.

Dizendo-nos de outro modo
o embrulho em que venho
deveria ser familiar para você
como o ódio é
o embrulho em que venho
é próximo de você
como o amor é
próximo
da morte
ou sua língua mentirosa
explorando os países
de nossas bocas.

Se eu fosse atabaque
você me bateria
tentando ouvir o eco
do seu próprio toque

not seeking
the voice of the spirit
inside the drum
only the spreading out shape
of your own hand on my skin
cover.

If I ever really sounded
I would rupture
your eardrums
or your heart.

v.

Learning to say goodbye
is finding a new tomorrow
on some cooler planet
barren and unfamiliar
and guiltless.

It costs the journey
to learn
letting go
of the burn-out rockets
to learn how
to light up space
with the quick fire of refusal
then drift gently down
to the dead surface
of the moon.

sem buscar
a voz do espírito
dentro do atabaque
apenas espalhando a marca
da sua mão na minha cobertura
de pele.

Se eu realmente fizesse
eu romperia
seus tímpanos
ou seu coração.

v.

Aprender a dizer adeus
é encontrar um novo amanhã
em algum planeta mais frio
estéril e estranho
e inocente.

A jornada é necessária
para aprender
a desapegar
dos foguetes queimados
para aprender como
iluminar o espaço
com o fogo ligeiro da recusa
então fazer a curva descendo gentilmente
até a superfície morta
da lua.

Recreation

Coming together
it is easier to work
after our bodies
meet
paper and pen
neither care nor profit
whether we write or not
but as your body moves
under my hands
charged and waiting
we cut the leash
you create me against your thighs
hilly with images
moving through our word countries
my body
writes into your flesh
the poem
you make of me.

Touching you I catch midnight
as moon fires set in my throat
I love you flesh into blossom

Recreação

Juntas
é mais fácil trabalhar
depois que nossos corpos
se encontram
papel e caneta
não ligam nem lucram
se nós escrevemos ou não
mas conforme seu corpo se move
sob as minhas mãos
excitado e à espera
nós cortamos a correia
você me cria contra as suas coxas
montanhosas com imagens
movendo-se pelos nossos países de palavras
meu corpo
escreve dentro da sua carne
o poema
que você fez de mim.

Tocando você eu alcanço a meia-noite
enquanto a lua incendeia minha garganta
eu amo a sua carne desabrochando

I made you
and take you made
into me.

eu fiz você
e aceito você feita
em mim.

Woman

I dream of a place between your breasts
to build my house like a haven
where I plant crops
in your body
an endless harvest
where the commonest rock
is moonstone and ebony opal
giving milk to all of my hungers
and your night comes down upon me
like a nurturing rain.

Mulher

Sonho com um lugar entre seus seios
para construir minha casa como um abrigo
onde planto alimentos
em seu corpo
uma colheita sem fim
onde a rocha mais comum
é pedra da lua e opala negra
dando leite a todas as minhas fomes
e sua noite cai sobre mim
como chuva nutritiva.

Timing

In our infancy of action we were women of peace
come to service islands with no bridges in sight
in the beginning we all dreamed of an ending
but the wars of our childhood have aged us.

When donations of soup from my yesterday's kitchen
sour in the stomachs of beggars now miles away
and they toss in their sleep in doorways
with a curse of worry upon their lips
then even my good deeds are suspect
fulfillments of dreams of the dead
printing so many starvations
upon our future.
While we labor to feed the living
beware the spirit of the uneasy dead
who trap us into believing
in the too simple.

Our childhood wars have aged us
but it is the absence of change
which will destroy us
which has crippled our harvest into nightmare
of endless plowing through fields rank with death
while the carcasses of 4 million blackbirds

Tempos

Na infância de nossas ações nós éramos mulheres de paz
vindas para ilhas de serviço sem pontes à vista
no início todas nós sonhávamos com um fim
mas as guerras de nossas juventudes nos envelheceram.

Quando as doações de sopa da minha cozinha de outrora
azedam nos estômagos de mendigos agora a quilômetros
                      [de distância
e eles dormem agitados em vãos de portas
com a maldição da preocupação sobre seus lábios
então até mesmo minhas boas ações são suspeitas
realizações dos sonhos dos mortos
imprimindo tantas fomes
em nosso futuro.
Enquanto trabalhamos para alimentar os vivos
tenhamos cuidado com os espíritos dos mortos inquietos
que nos encurralaram para acreditar
no simples demais.

As guerras de nossas infâncias nos envelheceram
mas é essa falta de mudança
que nos destruirá
que estragou nossas colheitas tornando-as o pesadelo
de aragem infinita em campos que fedem à morte

frozen to death because their chatter
insulted the generals
escape in the back pages
like the three black girls
hauled into an empty hurried courtroom
to point fingers at their mother –
I was cooking peasoup while they murmured –
"Yes, Mommy told us that she'd killed him
in front of many strangers she told us
yes he was a white man, may we go now?"
And their eyes look like old women who sleep
in the curve of neon doorways under newspaper
clutching a can of petfood for tomorrow's meal.

Sisters there is a hole in my heart
that is bearing your shapes
over and over
as I read only the headlines
of this morning's newspaper.

enquanto as carcaças de 4 milhões de melros
mortos congelados porque o falatório deles
insultava os generais
fora dos jornais negros
como as três meninas negras
arrastadas para um tribunal vazio e apressado
para acusar a mãe delas –
eu fazia sopa de ervilha enquanto elas murmuraram –
"Sim, mamãe nos contou que matou ele
na frente de vários estranhos ela nos disse
sim ele era um homem branco, podemos ir agora?"
E os olhos delas pareciam com velhas que dormem
na curva de vãos de portas neon cobertas de jornal
agarrando latas de ração animal para a refeição de amanhã.

Irmãs há um buraco no meu coração
que carrega os seus contornos
várias vezes
conforme leio apenas as manchetes
do jornal desta manhã.

Ghost

Since I don't want to trip over your silence
over the gap that is you
in my dark
I will deal how it feels
with you
climbing another impossible mountain
with you gone
away a long time ago.

I don't want my life to be woven or chosen
from pain I am concealing
from fractions of myself
from your voice crying out in your sleep
to another woman
come play in the snow love
but this is not the same winter.

That was our first season of cold
I counted the patterned snowflakes
of love melting into ice
concealing our dreams of separation
I could not bear to write
our names on the mailbox
I could not bear to tell you my dreams

Fantasma

Uma vez que não quero tropeçar no seu silêncio
sobre o vão que você é
na minha escuridão
vou lidar com o sentimento
de você
escalando outra montanha impossível
pois você se foi
há muito tempo.

Não quero que minha vida seja tecida ou escolhida
a partir de uma dor que estou ocultando
a partir de frações de mim
a partir de sua voz dormindo gritando
com outra mulher
vem brincar na neve amor
mas esse não é o mesmo inverno.

Aquela foi a nossa primeira estação fria
eu contei os flocos de neve com estruturas
de amor derretendo no gelo
ocultando nossos sonhos de separação
eu não era capaz de escrever
nossos nomes na caixa do correio
eu não era capaz de te contar meus sonhos

nor to question yours
now this poem
makes those mornings real again.

"You were always real" Bernice is saying
but I see the scars of her pain
hidden beneath the flesh on her cheekbones
and I do not know how many years I spent
trying to forget you
but I am afraid to think
how many years I will spend
trying to remember.

nem de perguntar os seus
agora este poema
torna aquelas manhãs reais outra vez.

"Você sempre foi sincera" diz Bernice
mas eu vejo as cicatrizes da dor dela
escondidas sob a carne das maçãs do rosto
e não sei quantos anos gastei
tentando esquecer você
mas tenho medo de pensar
quantos anos levarei
tentando me lembrar.

Artisan

In workshops without light
we have made birds
that do not sing
kites that shine
but cannot fly
with the speed
by which light falls
in the throat
of delicate working fire
I thought I had discovered
a survival kit
buried
in the moon's heart
flat and resilient as turtles
a case of tortoise shell
hung
in the mouth of darkness
precise unlikely markings
carved into the carapace
sweet meat beneath.

I did not recognize
the shape
of my own name.

Artesã

Em oficinas sem luz
nós fizemos pássaros
que não cantam
pipas que brilham
mas não podem voar
com a velocidade
que a luz cai
na garganta
do fogo laborioso delicado
eu pensei ter descoberto
um kit de sobrevivência
enterrado
no coração da lua
compacto e resiliente como tartarugas
uma caixa de casco de tartaruga
pendurada
na boca da escuridão
marcas improváveis precisas
entalhadas na carapaça
a carne doce por baixo.

Eu não reconheço
a forma
do meu próprio nome.

Our bed spread
is a midnight flower
coming
all the way down
to the floor
there
your craft shows.

Nossa colcha
é uma flor da meia-noite
vinda
toda para baixo
até o chão
lá
suas artes se mostram.

Letter for Jan

No I don't think you were chicken not to speak
I think you
afraid I was mama as laser
seeking to eat out or change your substance
Mawulisa bent on destruction by threat
who might cover you
in a thick dark cloud of guilty symbols
smelling of sandalwood and old buffalo musk
of fiery offerings in the new moon's chalice
that would seduce you open
turning erotic and delightful as you
went under for the third time
your own poetry and sweetness
masked and drying out
upon your lips.

I do not even know
who looks like you
of all the sisters who come to me
at nightfall
we touch each other in secret places
draw old signs and stories
upon each other's back and proofread
each other's ancient copy.

Carta para Jan

Não eu não acho que você foi covarde por não falar
Eu penso em você
com medo de eu ser mamãe como um laser
com a intenção de devorar ou mudar sua substância
Mawulisa obcecada com a destruição sob ameaça
quem poderia esconder você
numa nuvem escura densa de símbolos culpados
cheirando a sândalo e almíscar de búfalo velho
a ofertas impetuosas no cálice da lua nova
que seduziriam você a se abrir
tornando-se erótico e delicioso conforme você
desceu lá pela terceira vez
sua própria poesia e doçura
cobrindo o rosto e secando
sobre os seus lábios.

Eu nem sei
quem se parece com você
de todas as irmãs que vêm a mim
ao cair da noite
nós tocamos umas às outras em lugares secretos
desenhamos velhos símbolos e histórias
nos corpos umas das outras e lemos
as cópias antigas de cada uma.

You did not come to me speaking
because you feared
me as I might have been
god mother grown affluent
with the payment of old debts
or because you imaged me
as quick chic cutting
your praise song shared
to ribbons
thankless and separate as stormy gulfs
where lightning raged to pierce your clit
with proud black anger
or to reject you back into your doubt
smothering you into acceptance
with my own black song
coming over and over
as angry nightmares upon your pillow
to swallow you into confusion like a cherished berry
or buy you up at random with my electric body
shooting out rhythm and symbol
like lasers to burn you up and vanish
before the night.

When all the time
I would have loved you
speaking
being a woman full of loving
turned on
and a little bit raunchy
and heavy
with my own black song.

Você não veio a mim falando
porque você tinha medo
de como eu poderia ter sido
deusa mãe tornando-me próspera
com o pagamento de velhas dívidas
ou porque você tinha essa imagem de mim
como chique ligeira e cortante
sua canção elogiosa compartilhava
até as fitas
ingratas e separadas como golfos tempestuosos
onde o relâmpago furioso perfura seu clitóris
com uma raiva negra orgulhosa
ou para rejeitar você de volta à dúvida
amansando você até a aceitação
com minha própria canção negra
vinda várias e várias vezes
como pesadelos furiosos sobre o seu travesseiro
para engolir você na confusão como uma fruta silvestre
                            [apreciada
ou arrematar você aleatoriamente com meu corpo elétrico
disparando ritmo e símbolo
como lasers para incinerar você e desaparecer
antes da noite.

Quando todo o tempo
eu teria amado você
falando
sendo uma mulher cheia de amor
excitada
e um pouco atrevida
e carregada
com minha própria canção negra.

Bicentennial poem # 21,000,000

I know
the boundaries of my nation lie
within myself
but when I see old movies
of the final liberation of Paris
with french tanks rumbling over land
that is their own again
and old french men weeping
hats over their hearts
singing a triumphant national anthem

My eyes fill up with muddy tears
that have no earth to fall upon.

Poema bicentenário #21.000.000

Eu sei
os limites da minha nação não ficam
dentro de mim
mas quando vejo filmes antigos
da libertação final de Paris
com tanques franceses retumbando sobre a terra
que é deles outra vez
e velhos franceses chorando
com chapéus contra o peito
cantando um hino nacional triunfante

Meus olhos se enchem de lágrimas lamacentas
que não têm uma terra sobre a qual cair.

PARTE 4

The old days

Everyone wants to know
how it was in the old days
with no sun or moon in our colorless sky
to warn us we were not insane
only the harsh searing eye
of unblinking madwomen and men
calling our star a zoo
and I have no bride to recall
only many women who whisper
I was always a virgin
because I never remained.

I remember you only through the eyes
of all the forgotten others
on Monday a cat in the sorceresses' alley
screeched out your death
in another year's language
and I had forgotten
your name
like a promise of hunger.

Everyone wants to know how
it was
in the old days

Os velhos tempos

Todo mundo quer saber
como eram os velhos tempos
sem sol nem lua no nosso céu sem cor
para nos alertar de que não estávamos loucas
apenas os olhos duros severos
sem piscar dos homens e das mulheres ensandecidas
chamando nossa estrela de um zoológico
e eu não tenho noiva para recordar
apenas muitas mulheres que sussurram
eu sempre fui uma virgem
porque eu nunca suportei.

Eu me lembro de você só pelos olhos
de todos os outros esquecidos
na segunda-feira um gato no beco das feiticeiras
guinchou sua morte
na linguagem de um outro ano
e eu tinha esquecido
seu nome
como uma promessa de fome.

Todo mundo quer saber como
era
nos velhos tempos

when we kissed stone into dust
eternally hungry
paying respect to the crippled earth
in silence and in tears
surely one star fell as the mountain
collapsed over our bodies
surely the moon blinked once
as our vigils began.

quando beijávamos pedras até virarem pó
eternamente famintas
demonstrando respeito à terra aleijada
em silêncio e às lágrimas
com certeza uma estrela caiu enquanto a montanha
desabava sobre nossos corpos
com certeza a lua piscou uma vez
quando nossas vigílias começaram.

Contact lenses

Lacking what they want to see
makes my eyes hungry
and eyes can feel
only pain.

Once I lived behind thick walls
of glass
and my eyes belonged
to a different ethic
timidly rubbing the edges
of whatever turned them on.
Seeing usually
was a matter of what was
in front of my eyes
matching what was
behind my brain.
Now my eyes have become
a part of me exposed
quick risky and open
to all the same dangers.

I see much
better now
and my eyes hurt.

Lentes de contato

A falta do que eles querem ver
deixa meus olhos famintos
e olhos podem sentir
apenas dor.

Vivi um tempo atrás de grossas paredes
de vidro
e meus olhos pertenciam
a uma ética diferente
esfregando timidamente os cantos
de qualquer coisa que os excitasse.
Enxergar normalmente
era uma questão do que estava
diante dos meus olhos
se alinhar ao que estava
no fundo do meu cérebro.
Agora meus olhos se tornaram
uma parte de mim exposta
veloz arriscada e aberta
a todos os mesmos perigos.

Eu enxergo muito
melhor agora
e meus olhos doem.

Lightly

Don't make waves
is good advice
from a leaky boat.

One light year is the distance
one ray of light can travel in one year and
thirty
light years away from earth
in our infinitely offended universe
of waiting
an electronic cloud announces our presence
finally
to the unimpressable stars.

This is straight from a Scientific American
on the planet earth
our human signature upon the universe
is an electronic cloud
of expanding 30-year-old television programs
like Howdy Doody Arthur Godfrey
Uncle Miltie and Hulahoops
quiz shows and wrestling midgets
baseball
the McCarthy hearings and Captain Kangaroo.

Levemente

Não faça ondas
é um bom conselho
de um barco furado.

Um ano luz é a distância
que um raio de luz pode viajar em um ano
e trinta
anos luz distantes da terra
em nosso universo infinitamente ofendido
de espera
uma nuvem eletrônica anuncia nossa presença
finalmente
às estrelas não impressionáveis.

Isso eu tirei da American Scientific
no nosso planeta terra
nossa assinatura humana no universo
é uma nuvem eletrônica
em expansão trinta anos de programas de TV
como Howdy Doody Arthur Godfrey
Uncle Miltie e Hulahoops
programas de perguntas e luta livre de anões
baseball
as audiências de McCarthy e Capitão Canguru.

Now I don't know what
a conscious universe might be
but it is interesting to wonder
what will wave back
to all that.

**Eu não sei bem o que
um universo consciente pode ser
mas é interessante imaginar
o que acenará de volta
a tudo isso.**

Hanging fire

I am fourteen
and my skin has betrayed me
the boy I cannot live without
still sucks his thumb
in secret
how come my knees are
always so ashy
what if I die
before morning
and momma's in the bedroom
with the door closed.

I have to learn how to dance
in time for the next party
my room is too small for me
suppose I die before graduation
they will sing sad melodies
but finally
tell the truth about me
There is nothing I want to do
and too much
that has to be done
and momma's in the bedroom
with the door closed.

Chama suspensa

Tenho catorze anos
e a minha pele me traiu
o menino sem o qual eu não vivo
ainda chupa o dedo
escondido
como é possível meus joelhos estarem
sempre tão ruços
e se eu morrer
antes do amanhecer
e mamãe no quarto
com a porta fechada.

Eu tenho que aprender a dançar
a tempo da próxima festa
meu quarto é pequeno demais para mim
supondo que eu morra antes da formatura
eles cantarão canções tristes
mas finalmente
dirão a verdade ao meu respeito
Não há nada que eu queira fazer
e há muito
que precisa ser feito
e mamãe no quarto
com a porta fechada.

Nobody even stops to think
about my side of it
I should have been on Math Team
my marks were better than his
why do I have to be
the one
wearing braces
I have nothing to wear tomorrow
will I live long enough
to grow up
and momma's in the bedroom
with the door closed.

**Ninguém sequer para pra pensar
sobre a minha versão da história
eu deveria ter sido da equipe de matemática
minhas notas eram melhores que a dele
por que eu tenho que ser
aquela
usando aparelho
eu não tenho nada para vestir amanhã
será que viverei o bastante
para crescer
e mamãe no quarto
com a porta fechada.**

But what can you teach my daughter

What do you mean
no no no no
you don't have the right
to know
how often
have we built each other
as shelters
against the cold
and even my daughter knows
what you know
can hurt you
she says her nos
and it hurts
she says
when she talks of liberation
she means freedom
from that pain
she knows
what you know
can hurt
but what you do
not know
can kill.

Mas o que você pode ensinar a minha filha

O que você quer dizer
não não não não
você não tem o direito
de saber
com que frequência
temos construído uma à outra
como abrigos
contra o frio
e até minha filha sabe
que o que você sabe
pode machucar você
e ela diz os nãos dela
e isso dói
ela diz
quando ela fala de libertação
ela quer dizer liberdade
daquela dor
ela sabe
que o que você sabe
pode machucar
mas o que você
não sabe
pode matar.

From inside an empty purse

Money cannot buy you
what you want
standing flatfooted
and lying
like a grounded chestnut
unlovable and suspect
I am trying to reach
you
on whatever levels
you flow from
treacherous growing
water
in a blind tongueless pond.

I am the thread of your woman's cloth
the sexy prison that protects you
deep and unspoken
flesh around your freedom
I am your enemy's face.

The money doesn't matter
so much
as the lie
telling

De dentro de uma bolsa vazia

O dinheiro não pode comprar
o que você quer
erguida sobre os pés chatos
e se deitando
como uma castanha plantada
desagradável e suspeita
estou tentando alcançar
você
em qualquer um dos níveis
a partir dos quais flui
caudalosa e traiçoeira
água
num lago cego e mudo.

Eu sou um fio do seu tecido de mulher
a prisão erótica que te protege
profunda e não dita
carne entorno da tua liberdade
eu sou o rosto do seu inimigo.

O dinheiro não importa
tanto
quanto a mentira
dizendo

you don't know
why
in a dream
I am trying to reach
you before
you fall in
tome.

que você não sabe
por que
num sonho
estou tentando alcançar
você antes
que você caia dentro
de mim.

A small slaughter

Day breaks without thanks or caution
past a night without satisfaction or pain.
My words are blind children I have armed
against the casual insolence of morning
without you
I am scarred and marketed
like a streetcorner in Harlem
a woman
whose face in the tiles
your feet have not yet regarded
I am the stream
past which you will never step
the woman you can not deal with
I am the mouth
of your scorn.

Um pequeno assassinato

O dia rompe sem cuidado ou gratidão
depois de uma noite sem satisfação nem dor.
Minhas palavras são crianças cegas que armei
contra a insolência casual da manhã
sem você
estou cheia de cicatrizes e à venda
como uma esquina do Harlem
uma mulher
cujo rosto nos azulejos
seus pés ainda não observaram
eu sou o córrego
passando por onde você nunca pisará
a mulher com quem você não pode lidar
eu sou a boca
do seu desdém.

From the greenhouse

Summer rains like my blood cries
lover my lover
over and over surging receding sometimes
a brief sun knifing through
rain like my blood speaks
in alternate whispers
roaring giving and taking seeking destroying
beseeching green sprouts
in our struggling garden
blessing the earth as it suffers
blind rain beating down
tender sprouts
in the silent mud.

My blood yells against
your sleeping shoulder
this is a poem of summer
my blood screams at your false safety
your mute body beside me
driving me closer and closer
you seek your own refuge
farther and farther away
in your dreaming

Da estufa

O verão chove como meu sangue chora
amante minha amora
vários e vários recuos e impulsos às vezes
um sol breve esfaqueando através
da chuva como meu sangue fala
em sussurros alternados
rugindo dando e tirando procurando destruindo
implorando brotos verdes
em nosso jardim batalhador
abençoando a terra enquanto sofre
a chuva cega batendo contra
os brotos delicados
na lama silenciosa.

Meu sangue grita contra
teu ombro adormecido
este é um poema de verão
meu sangue grita diante da sua falsa segurança
seu corpo mudo ao lado
me puxando cada vez mais para perto
você busca o seu próprio refúgio
mais e mais longe
em seus sonhos

the edge of our bed is approaching
again
rain surges against our windows
green sprouts are drowning
in mud and blessings
in our carefully planted greenhouse
I have moved as far as I can
now my blood merges
into your dreaming.

a beirada da nossa cama se aproxima
mais uma vez
a chuva aperta contra nossas janelas
os brotos verdes estão se afogando
na lama e nas bênçãos
em nossa estufa plantada cuidadosamente
eu tenho me movido o mais longe que posso
agora meu sangue se funde
aos seus sonhos.

Journeystones I-XI

I.

Maxine
I used to admire your talent
for saying nothing
so well
that way the blood
was always someone else's
and there was always
someplace left
to be yourself
the stranger.

II.

Elaine
my sister outsider
I still salute
the power of learning
loss.

Pedras do caminho I-XI

I.

Maxine
Eu costumava admirar o seu talento
de não dizer nada
tão bem
aquele jeito como o sangue
era sempre de outro alguém
e havia sempre
algum outro lugar
para ser você mesma
a estranha.

II.

Elaine
minha irmã outsider
eu ainda saúdo
o poder de aprender
a perda.

III.

China
girl on the run
I am sorry
our night
was not black enough
for you
to hide in.

IV.

Jan
was a name
for so many people
I cannot remember
you.

V.

Margaret
the broken rock you dropped
into my pocket
had unrelenting curves
that would not polish.
I discovered
it was the petrified half-shell
of a prehistoric nut.

VI.

Catherine
you lie
 against the earth

III.

Garota
chinesa em fuga
eu sinto muito
nossa noite
não foi preta o bastante
para você
se esconder nela.

IV.

Jan
era um nome
para tanta gente
eu não consigo me lembrar
de você.

V.

Margaret
a pedra lascada que você largou
no meu bolso
tinha curvas implacáveis
que não podiam ser polidas.
Descobri
que era a meia concha de uma noz
pré-histórica petrificada.

VI.

Catherine
você se deita
na terra

like a little pungent onion
and whenever I come
too close to you
I weep.

VII.

Isabel
I hear your blood ring
but I am tired
of friends who hurt
and lean
at the same time
my heart grows
confused
between your need for love
and your need for destruction.

VIII.

Joyce
you always hated
being furious
and without anyone
to kill.

IX.

Janie
I feel the scream
drowning in your sharp eyes
trained to impersonate mermaids
shallow seductive
and dangerous as coral.

como uma cebola pungente
e toda vez que chego
muito perto de você
eu choro.

VII.

Isabel
ouço seu sangue soar
mas eu estou cansada
de amigas que ferem
e se apoiam
ao mesmo tempo
meu coração fica
confuso
entre a sua necessidade de amor
e sua necessidade de destruição.

VIII.

Joyce
você sempre odiou
estar furiosa
e sem ninguém
para matar.

IX.

Janie
eu sinto o grito
se afogando em seus olhos penetrantes
treinada para imitar sereias
sedutora superficial
e perigosa como um coral.

X.

Flora my sister
what I know
I no longer need
to understand.

If you make me stone
I will bruise you.

XI.

The last hole in fortune
is the anger of the empress
knowing herself as mortal
and without child.

X.

Flora minha irmã
o que eu sei
eu não preciso mais
entender.

Se você me transformar em pedra
vou ferir você.

XI.

O último buraco na sorte
é a raiva da imperatriz
reconhecendo-se mortal
e sem crias.

About religion

After church
on Sundays
I learned to love
the gospel music
swelling up past garbage cans in the summer
backyards of my childhood armageddon.

Black shiny women
spicy as rocking pumpkins
encased in stiff white covers
long sleeved
silk against brick
and their rocketed beat
snapped like pea shooters
in the august time
while the fingered tambourines
hand heeled beat
rose through the air shafts
sweet and timely.

I hear the music filtered
through a heat wave
of my mother's churchly disapproval.
A skinny nappy-headed little girl

Sobre religião

Depois da igreja
aos domingos
eu aprendi a amar
a música gospel
transbordando para além das latas de lixo no verão
nos quintais da minha infância apocalipse.

Mulheres negras reluzentes
saborosas como abóboras maduras
protegidas por cascas brancas rígidas
mangas longas
seda contra o tijolo
e a batida acelerada delas
barulhentas como armas de baixo calibre
no tempo augusto
enquanto as pandeiretas tocadas
batidas de mãos e pés
sobem pelos dutos de ventilação
doce e oportuna.

Ouço a música filtrada
pela onda de calor
da desaprovação eclesiástica de minha mãe.
Uma menina magrela e crespa

ran back and forth collecting
in my envy
coins wrapped in newspapers
and the corners of old sheets
that even my mother
grudgingly
flung down.

ia e vinha recolhendo
para minha inveja
moedas embrulhadas em jornais
e trapos de lençóis velhos
que até mesmo minha mãe
de má vontade
ofertava.

Sister outsider

We were born in a poor time
never touching
each other's hunger
never
sharing our crusts
in fear
the bread became enemy.

Now we raise our children
to respect themselves
as well as each other.

Now you have made loneliness
holy and useful
and no longer needed
now
your light shines very brightly
but I want you
to know
your darkness also
rich
and beyond fear.

Irmã outsider

Nós nascemos num tempo pobre
nunca tocando
a fome uma da outra
nunca
partilhando nossas cascas
por medo
do pão transformado em inimigo.

Agora criamos nossos filhos
para respeitarem a si mesmos
assim como uns aos outros.

Agora você tornou a solidão
sagrada e útil
e não mais necessária
agora
sua luz brilha intensamente
mas quero que você
saiba
sua escuridão também
é fértil
e supera o medo.

Bazaar

The lay back women are cooking
gold in their iron pots
is smoking
toward a sky that will never speak
in this evening I hold them
bound in the skin of my mother
anxious and ugly as a lump of iron
wishing to be worked for gold
other forgotten faces
of her
flow into each other
over the clatter
of remembered bargains
reluctant barter
I wonder
how many of these women (my sisters)
still have milk in their breasts.

Bazar

As mulheres serenas estão cozinhando
ouro em suas panelas de ferro
está fumegando
em direção a um céu que nunca fala
nesta noite eu as abraço
contidas na pele da minha mãe
ansiosa e feia como um monte de ferro
desejando ser trabalhada em ouro
outros rostos esquecidos
dela
confluem um no outro
acima do alvoroço
das barganhas relembradas
trocas relutantes
eu me pergunto
quantas dessas mulheres (minhas irmãs)
ainda têm leite nos seus peitos.

Power

The difference between poetry and rhetoric
is being
ready to kill
yourself
instead of your children.

I am trapped on a desert of raw gunshot wounds
and a dead child dragging his shattered black
face off the edge of my sleep
blood from his punctured cheeks and shoulders
is the only liquid for miles and my stomach
churns at the imagined taste while
my mouth splits into dry lips
without loyalty or reason
thirsting for the wetness of his blood
as it sinks into the whiteness
of the desert where I am lost
without imagery or magic
trying to make power out of hatred and destruction
trying to heal my dying son with kisses
only the sun will bleach his bones quicker.

Poder

A diferença entre poesia e retórica
é estar
pronta para matar
a si mesma
em vez de seus filhos.

Estou perdida num deserto de feridas frescas à bala
e uma criança morta arrasta seu negro e estilhaçado
rosto até os limites do meu sonho
o sangue de suas bochechas e ombros perfurados
é o único líquido em quilômetros e meu estômago
se revira ao imaginar o gosto enquanto
minha boca de lábios secos rachados
sem lealdade ou razão
sedenta pela umidade do sangue dele
enquanto se afunda na brancura
do deserto onde estou perdida
sem imagens ou magia
tentando criar poder a partir do ódio e da destruição
tentando curar meu filho moribundo com beijos
só o sol vai clarear seus ossos mais rápido.

The policeman who shot down a 10-year-old in Queens
stood over the boy with his cop shoes in childish blood
and a voice said "Die you little motherfucker" and
there are tapes to prove that. At his trial
this policeman said in his own defense
"I didn't notice the size or nothing else
only the color." and
there are tapes to prove that, too.

Today that 37-year-old white man with 13 years of police
                             [forcing
has been set free
by I I white men who said they were satisfied
justice had been done
and one black woman who said
"They convinced me" meaning
they had dragged her 4'10" black woman's frame
over the hot coals of four centuries of white male approval
until she let go the first real power she ever had
and lined her own womb with cement
to make a graveyard for our children.

I have not been able to touch the destruction within me.
But unless I learn to use
the difference between poetry and rhetoric
my power too will run corrupt as poisonous mold
or lie limp and useless as an unconnected wire
and one day I will take my teenaged plug
and connect it to the nearest socket
raping an 85-year-old white woman
who is somebody's mother

O policial que atirou numa criança de 10 anos no Queens
ficou de pé diante do menino com seus coturnos no sangue
                      [infantil
e uma voz disse "morre seu pequeno filho da puta" e
há gravações que provam isso. No julgamento dele
esse policial disse que foi legítima defesa
"Eu não percebi o tamanho nem nada mais
só a cor." e
há gravações que provam isso também.

Hoje aquele homem branco de 37 anos há 13 na força policial
foi posto em liberdade
por 11 homens brancos que disseram estar satisfeitos
a justiça foi feita
e uma mulher negra que disse
"Eles me convenceram" querendo dizer
que eles arrastaram sua figura 1,50m de mulher negra
sobre os carvões em brasa de 400 anos de aprovação do
                                  [homem branco
até ela abrir mão do primeiro poder de verdade que já teve
e revestir seu útero com concreto
para fazer um cemitério para os nossos filhos.

Eu não tenho sido capaz de tocar a destruição dentro de mim.
Mas a menos que eu aprenda a usar
a diferença entre poesia e retórica
meu poder também será corrompido como um fungo
                                      [venenoso
ou irá prostrar-se debilitado e inútil como um fio
                                    [desconectado
e um dia pegarei meu aparelho antigo
e o ligarei na tomada mais próxima
estuprando uma mulher branca de 85 anos
que é a mãe de alguém

and as I beat her senseless and set a torch to her bed
a greek chorus will be singing in 3/4 time
"Poor thing. She never hurt a soul. What beasts they are."

enquanto a espanco até que desfaleça e ponha fogo na
[cama dela
um coro grego estará cantando no compasso 3/4
"Coitadinha. Ela nunca machucou ninguém. Eles são uns
[animais."

Eulogy

A girl in my sister's house
wears nightmare
hidden in her eyes
still as a bird's eyes.
When blood calls
the girl retreats into a brassy ring
that neither tears nor nourishment
can alter.

But a circle does not suffer
nor can it dream.
Her fingers twist into a married root
night cannot break her now
nor the sun heal
and soon its merciless white heat
will fuse
her nightmare eyes
to agate
her sullen tongue
to flint.

Then she will strike
but never bleed again.

Louvor

Uma menina na casa da minha irmã
veste pesadelos
escondidos em seus olhos
imóveis como os olhos de um pássaro.
Quando o sangue chama
a menina se recolhe num anel brilhante
que nem lágrimas nem alimentos
podem alterar.

Mas um círculo não pode sofrer
nem é capaz de sonhar.
Seus dedos se contorcem numa raiz entrelaçada
a noite não pode quebrá-la agora
nem o sol curá-la
e em breve seu calor branco implacável
irá fundir
seus olhos de pesadelo
em ágata
sua língua sombria
em obsidiana.

Então ela vai dar o bote
mas não vai sangrar outra vez.

"Never take fire from a woman"

My sister and I
have been raised to hate
genteelly
each other's silences
sear up our tongues
like flame
we greet each other
with respect
meaning
from a watchful distance
while we dream of lying
in the tender of passion
to drink from a woman
who smells like love.

"Nunca roube o fogo de uma mulher"

Minha irmã e eu
fomos criadas para odiar
educadamente
os silêncios uma da outra
costuravam nossas línguas
como labaredas
nós cumprimentávamos uma a outra
com respeito
que significava
a uma distância cuidadosa
enquanto sonhávamos em deitar
na ternura da paixão
para beber de uma mulher
que tem cheiro de amor.

Between ourselves

Once when I walked into a room
my eyes would seek out the one or two black faces
for contact or reassurance or a sign
I was not alone
now walking into rooms full of black faces
that would destroy me for any difference
where shall my eyes look?
Once it was easy to know
who were my people.

If we were stripped to our strength
of all pretense
and our flesh was cut away
the sun would bleach all our bones as white
as the face of my black mother
was bleached white by gold
or Orishala
and how
does that measure me?

I do not believe
our wants have made all our lies
holy.

Entre nós

Houve um tempo em que eu entrava em uma sala
meus olhos procurariam por um ou dois rostos negros
pelo contato ou encorajamento ou um sinal
de que não estava só
agora entro em salas cheias de rostos negros
que me destruiriam por qualquer diferença
para onde meus olhos devem se voltar?
Houve um tempo em que era fácil saber
quem era o meu povo.

Se fôssemos despidas de nossa força
de todo o fingimento
e nossa carne fosse cortada
o sol clarearia nossos ossos tão brancos
quanto o rosto negro de minha mãe
foi clareado pelo ouro
ou Obatalá
e como
isso pode dar uma medida de mim?

Eu não acredito
que nossos desejos tornaram nossas mentiras
sagradas.

Under the sun on the shores of Elmina
a black man sold the woman who carried
my grandmother in her belly
he was paid with bright yellow coin
that shone in the evening sun
and in the faces of her sons and daughters.
When I see that brother behind my eyes
his irises are bloodless and without color
his tongue clicks like yellow coins
tossed upon this shore
where we share the same corner
of an alien and corrupted heaven
and whenever I try to eat
the words
of easy blackness as salvation
I taste the color
of my grandmother's first betrayal.

I do not believe
our wants
have made all our lies
holy.

But I do not whistle his name at the shrine of Shopona
I do not bring down the rosy juices of death upon him
nor forget Orishala
is called the god of whiteness
who works in the dark wombs of night
forming the shapes we all wear
so that even cripples and dwarfs and albinos
are scared worshipers
when the boiled corn is offered.

Sob o sol dos litorais de Elmina
um homem negro vendeu uma mulher que carregava
minha avó na barriga
ele foi pago em moedas amarelas brilhantes
que reluziam ao sol poente
e nos rostos dos filhos e filhas dela.
Quando vejo aquele irmão atrás dos meus olhos
as íris dele são exangues e sem cor
a língua dele tilinta como as moedas amarelas
jogadas na praia
onde nós dividíamos o mesmo canto
de um paraíso alienígena corrompido
e toda vez que tento comer
as palavras
de uma negritude fácil como salvação
eu sinto o gosto da cor
da primeira vez que traíram minha avó.

Eu não acredito
que nossos desejos
tornaram nossas mentiras
sagradas.

Mas eu não assovio o nome dele na casa de Xapanã
Eu não derramo os sumos rosados da morte sobre ele
nem esqueço que Obatalá
é chamado o deus do branco
que trabalha nos úteros escuros da noite
modelando as formas que todos nós vestimos
então até os aleijados anões e albinos
são fiéis tementes
quando milho branco cozido é oferecido.

Humility lies
in the face of history
I have forgiven myself
for him
for the white meat
we all consumed in secret
before we were born
we shared the same meal.
When you impale me
upon your lances of narrow blackness
before you hear my heart speak
mourn your own borrowed blood
your own borrowed visions.
Do not mistake my flesh for the enemy
do not write my name in the dust
before the shrine of the god of smallpox
for we are all children of Eshu
god of chance and the unpredictable
and we each wear many changes
inside of our skin.

Armed with scars
healed
in many different colors
I look in my own faces
as Eshu's daughter crying
if we do not stop killing
the other
in ourselves
the self that we hate
in others
soon we shall all lie
in the same direction
and Eshidale's priests will be very busy

A humildade repousa
na face da história
eu tenho me perdoado
por ele
pela carne branca
que todos nós consumimos em segredo
antes de nascermos
nós compartilhamos a mesma refeição.
Quando você me empala
em suas lanças de uma negritude estreita
antes de você ouvir meu coração falar
lamente seu próprio sangue emprestado
suas próprias visões emprestadas.
Não confunda a minha carne com a do inimigo
não escreva meu nome na poeira
diante da casa do deus da varíola
pois nós todos somos filhos de Exu
deus da possibilidade e do imprevisível
e cada um de nós veste muitas possibilidades
dentro da nossa pele.

Armada com cicatrizes
curada
em muitas cores diferentes
eu olho bem meus rostos
como uma filha de Exu gritando
se nós não paramos de matar
o outro
em nós mesmos
a parte de nós que odiamos
nos outros
em breve todos estaremos prostrados
na mesma direção
e as sacerdotisas de Esindalé estarão muito ocupadas

they who alone can bury
all those who seek their own death
by jumping up from the ground
and landing upon their heads.

somente elas podem enterrar
todos que buscam a própria morte
ao pular bem alto do chão
e pousar sobre suas cabeças.

Future promise

This house will not stand forever.
The windows are sturdy
but shuttered
like individual solutions
that match one at a time.

The roof leaks.
On persistent rainy days
I look up to see
the gables weeping
quietly.

The stairs are sound
beneath my children
but from time to time
a splinter leaves
imbedded in a childish foot.

I dream of stairways
sagging
into silence
well used and satisfied
with no more need
for changelessness

Promessa futura

Essa casa não vai durar para sempre.
As janelas são robustas
mas lacradas
como soluções individuais
que funcionam uma de cada vez.

O telhado tem goteiras.
Em dias de chuva persistente
eu olho para cima para ver
as quinas chorando
silenciosamente.

As escadas estão firmes
debaixo dos meus filhos
mas de tempos em tempos
uma farpa se solta
enfiada num pé de criança.

Sonho com escadas
afundando
no silêncio
bem usadas e satisfeitas
não mais necessitadas
de ficarem intactas

Once
freed from constancy
this house
will not stand
forever.

Uma vez
libertada da constância
essa casa
não vai durar
para sempre.

The trollop maiden

But my life is not portable now
said the trollop maiden
I need fixed light
to make my witless orchids
grow
into prizes
and the machine I use
to make my bread
is too bulky to move around
easily and besides
it needs
especially heavy current.

But the old maid who lives in your navel
is the trollop maiden's desire
and your orchids sing without smell
in the fixed light like sirens.

You can always run off
yourself
 said the trollop maiden
but t my life is not portable
yet she moved
into coquette with the rhythms

A donzela desleixada

Mas minha vida não é portátil agora
disse a donzela desleixada
eu preciso de luz fixa
para fazer minhas estúpidas orquídeas
desabrocharem
em prêmios
e a máquina que eu uso
para fazer meu pão
é trambolhuda demais para mover por aí
facilmente e além disso
ela precisa
de uma corrente especialmente pesada.

Mas a velha solteirona que vive no seu umbigo
é o desejo da donzela desleixada
e suas orquídeas cantam sem aroma
na luz fixa como uma sirene.

Você sempre pode abandonar
a si mesma
disse a donzela desleixada
mas minha vida não é portátil
embora ela tenha se movido
coquete ao ritmo

of a gypsy fiddle –
fired across my bow
with a mouthful of leaden pain
NOW
That's one piece I cannot leave behind
she whispered.

de uma rabeca –
tenha atravessado meu arco
com a boca cheia de uma dor de chumbo
AGORA
Esse é um pedaço que não posso deixar para trás
ela murmurou.

Solstice

We forgot to water the plantain shoots
when our houses were full of borrowed meat
and our stomachs with the gift of strangers
who laugh now as they pass us
because our land is barren
the farms are choked with stunted rows of straw
and with our nightmares
of juicy brown yams that cannot fill us.
The roofs of our houses rot from last winter's water
but our drinking pots are broken
we have used them to mourn the deaths of old lovers
the next rain will wash our footprints away
and our children have married beneath them.

Our skins are empty.
They have been vacated by the spirits
who are angered by our reluctance
to feed them.
In baskets of straw made from sleep grass
and the droppings of civets
they have been hidden away by our mothers
who are waiting for us by the river.

Solstício

Nós esquecemos de regar os brotos da bananeira
quando nossas casas estavam cheias de carne que não
                              [era nossa
e nossos estômagos cheios de presentes de estranhos
que agora riem ao passar por nós
porque nossa terra está seca
as plantações estão sufocadas com fileiras de palha
                              [ressequida
e com nossos pesadelos
com inhames marrons suculentos que não podem nos saciar.
Os tetos de nossas casas apodreceram com a água do
                              último inverno
mas nossas moringas estão quebradas
nós as usamos para lamentar as mortes de nossos amores
                              [antigos
a próxima chuva vai lavar nossas pegadas
e nossos filhos se casaram embaixo delas.

Nossas peles estão vazias.
Elas foram abandonadas pelos espíritos
que estão enfurecidos com a nossa relutância
em alimentá-los.
Em cestos de palha feitos de grama
e excrementos de civeta

My skin is tightening
soon I shall shed it
like a monitor lizard
like remembered comfort
at the new moon's rising
I will eat the last signs of my weakness
remove the scars of old childhood wars
and dare to enter the forest whistling
like a snake that has fed the chameleon
for changes
I shall be forever.

May I never remember reasons
for my spirit's safety
may I never forget
the warning of my woman's flesh
weeping at the new moon
may I never lose
that terror
that keeps me brave
May I owe nothing
that I cannot repay.

elas foram escondidas pelas nossas mães
que nos esperam perto do rio.

Minha pele está ficando apertada
em breve terei de abandoná-la
como um lagarto-varano
como um conforto relembrado
ao nascer da lua nova vou comer os últimos sinais da
                            [minha fraqueza
remover as cicatrizes das velhas guerras da infância
e ousar entrar na floresta assobiando
como uma cobra que deu de comer ao camaleão
pelas mudanças
que serei para sempre.

Que eu nunca me lembre das razões
para a segurança do meu espírito
que eu nunca me esqueça
do alerta da minha carne de mulher
chorando na lua nova
que eu nunca perca
aquele terror
que me mantém corajosa
Que eu não possua nada
que não possa retribuir.

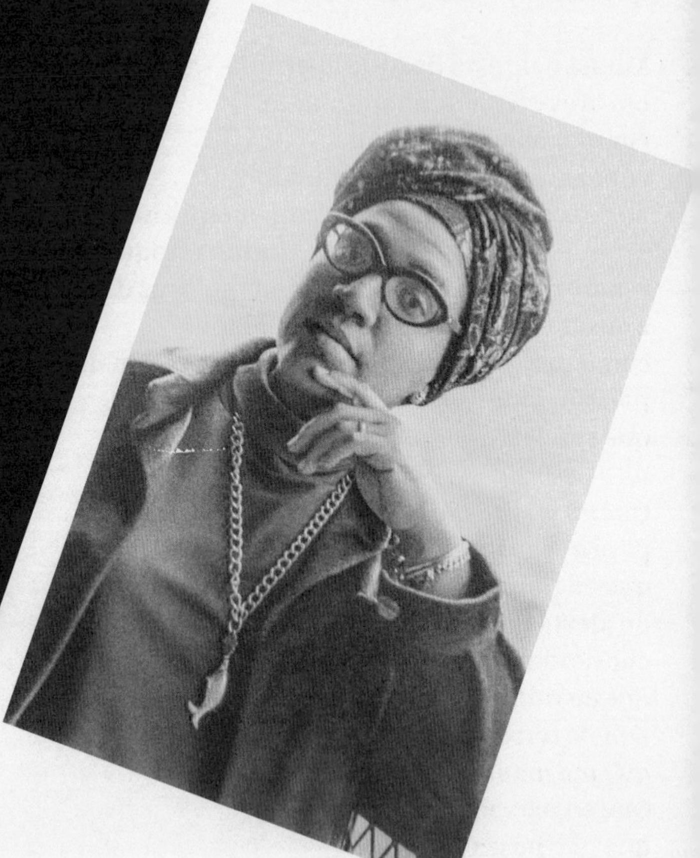

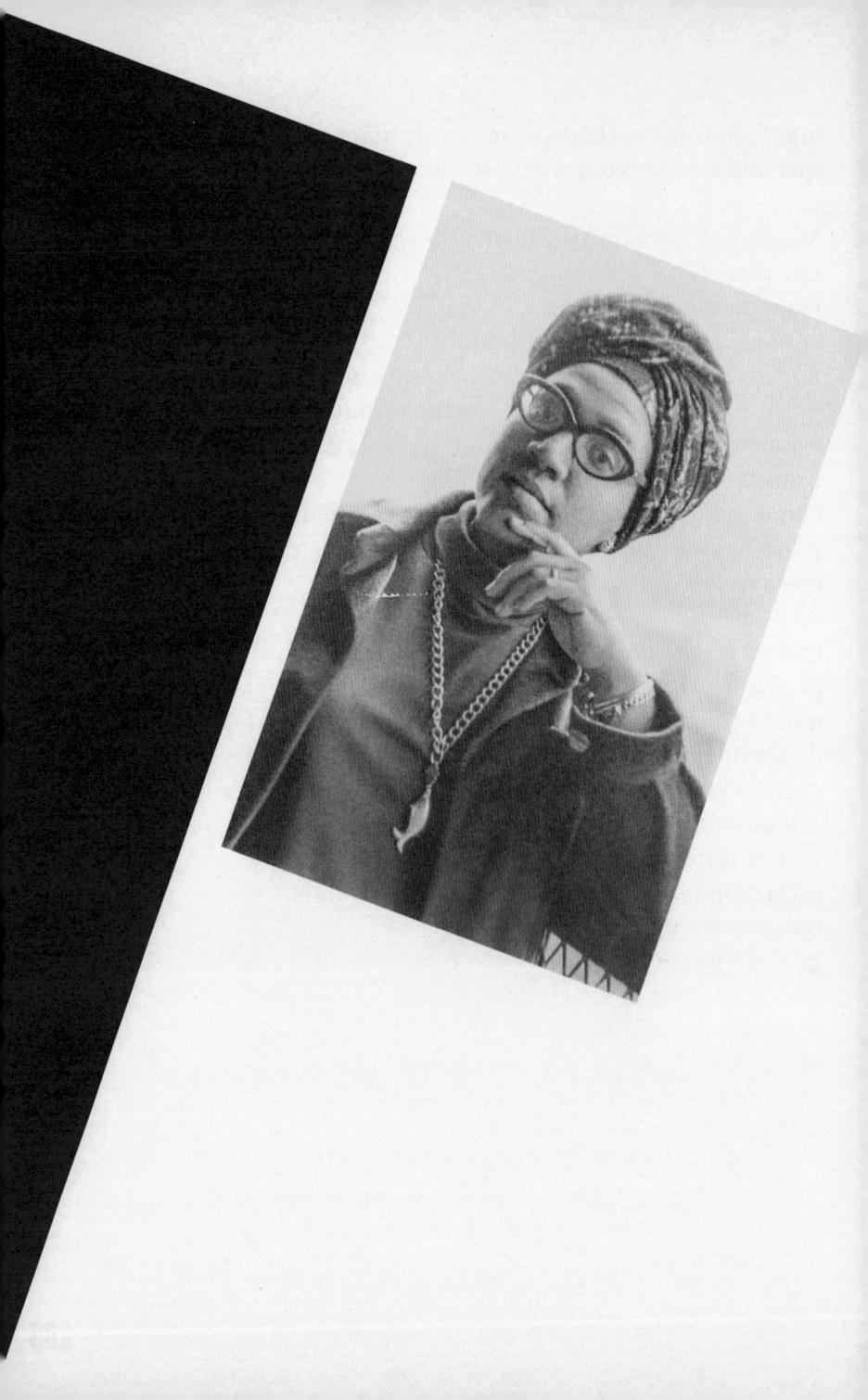

AUDRE LORDE
1934–1992

Audre Lorde foi escritora, poeta, ativista e referência nas lutas feministas, LGBT, do movimento negro e pelos direitos civis. Nascida em Nova York, Estados Unidos, em 1934, filha de pais caribenhos estabelecidos no bairro do Harlem, Audrey Geraldine Lorde abriu mão do "y" de seu nome original ainda criança, optando por um nome mais simétrico: Audre Lorde, conforme conta em sua "biomitografia" *Zami: A New Spelling of My Name*. Também ainda criança, começou a escrever seus primeiros poemas.

Formou-se em biblioteconomia pela Universidade da Cidade de Nova York em 1959. Ao longo do curso de graduação, exerceu diversas funções para se sustentar: técnica de raios X, operária de fábrica, *ghost-writer*, secretária, supervisora de vendas. Depois de formada, passou a trabalhar como bibliotecária; completou o mestrado nesta mesma área na Universidade de Columbia e, em 1966, assumiu o posto de bibliotecária-chefe em uma escola em Nova York, onde permaneceria até 1968. Paralelamente, desde o começo dos anos 1960, escrevia ensaios e sua poesia era regularmente publicada em revistas e antologias. Também participava ativamente dos movimentos culturais LGBT, e de ações pelos direitos civis e das mulheres.

Seu primeiro livro de poesia, *The First Cities*, foi publicado em 1968. A partir de então, daria início a uma produtiva trajetória de escrita e publicações de livros de ensaio e de poesia.

Casou com o advogado Edwin Rollins, com quem teve dois filhos, Elizabeth e Jonathan. O casamento durou até o ano de 1970. A partir de então, Audre Lorde assumiu sua relação amorosa com Frances Clayton, mulher branca, professora de Psicologia, com quem ficaria até 1989.

Os anos 1970 e 1980 seriam de intensa militância e ativismo político, feminista e lésbico, o que está fortemente impresso em sua obra poética do período. Em 1977, tornou-se editora de poesia no jornal feminista *Chrysalis* e três anos mais tarde fundou, junto com a escritora Barbara Smith, a editora Kitchen Table: Women of Color Press, para disseminar a produção de feministas negras. Entre 1984 e 1992, desenvolveu um importante trabalho em Berlim, dando aulas, palestras e atuando no movimento de mulheres afro-alemãs. Um belo registro deste período está em *Audre Lorde – The Berlin Years 1984–1992*, documentário de Dagmar Schultz.

Desde do fim da década de 1970, Audre Lorde lutou contra o câncer. Chegou a fazer mastectomia para eliminar um tumor de mama, mas a doença reincidiu anos depois no fígado. A experiência foi narrada no premiado livro *The Cancer Journals*, lançado no início dos anos 1980. No fim da mesma década, mudou-se para Saint-Croix, uma ilha no Caribe, onde viveu seus últimos anos ao lado da socióloga e ativista Gloria Joseph. Audre Lorde continuou escrevendo e publicando até o início dos anos 1990, quando morreu, aos 58 anos.

Após seu falecimento, em 1992, seus arquivos passaram a integrar a coleção do Spelman College, em Atlanta. Ao longo de sua carreira, Audre Lorde recebeu diversos prêmios, entre os quais destacam-se as bolsas concedidas pelo National Endowment for the Arts (de 1968 e 1981) e pelo Creative Artists Public Service Program (de 1972 e 1976) e o prêmio de excelência literária de Manhattan, de 1987. Foi poeta laureada pelo estado de Nova York em 1991.

UM GLOSSÁRIO DE NOMES AFRICANOS USADOS NOS POEMAS

ABOMÉ: A capital e coração do antigo Reino do Daomé. Um centro de cultura e poder e onde se estabeleceu a dinastia de Aladaxonu, conhecida como a dinastia dos Reis Pantera.

AKAI: Tranças de cabelo finas e justas envolta por um fio e arrumadas na cabeça para formar um penteado elaborado da alta moda do Daomé moderno.

AMAZONAS: Diferente de outros sistemas de crença africanos, as mulheres do Daomé, como as Criadoras da vida, não eram proibidas de derramar sangue. As Amazonas eram muito valorizadas, bem treinadas e guerreiras ferozes. Eram responsáveis pela guarda dos Reis Pantera do Daomé e lutavam sob o seu comando.

ASEIN: Pequenos altares de metal que ficam em cima de mastros altos e diante dos quais os ancestrais cultuados são celebrados com oferendas.

CONIAGUI: Um povo da África ocidental que ocupou a região que atualmente é parte da Guiné e da Costa do Marfim.

DAN[1]: Um nome antigo para o reino do Daomé.

1\ É um Vodum popular na religião Fon. É representado por uma serpente que se rasteja e se esconde na terra, mas que ascende ao céu na forma de arco-íris, chamado

ELEGUÁ, ELEGBARA, LEGBA: ver Exu.

ESIDALÉ: Um Orixá da região nigeriana de Ifé, cujos iniciados repreendem e expressam pesar pelas mortes dos que cometeram suicídio e os enterram pulando do chão e caindo sobre as suas cabeças.

EXU: Também conhecido como Eleguá no Daomé e nas Américas. Exu é o filho mais novo e mais esperto de Iemanjá (ou de Mawulisa). O mensageiro travesso que está entre todos os outros Orixás/Voduns e os humanos, ele conhece suas diferentes linguagens e é um talentoso linguista que interpreta e transmite. Esta função é de importância primordial, pois os Orixás não falam as línguas uns do outros e nem a linguagem humana. Exu é um pregador de peças, também é a personificação de todos os elementos imprevisíveis da vida. Ele é frequentemente identificado com o princípio masculino, e seu símbolo primordial é geralmente um imenso falo ereto. No entanto, Exu/Eleguá não tem iniciados, e em vários rituais religiosos no Daomé, suas danças são executadas por mulheres com falos presos a suas vestes. Por causa de sua natureza imprevisível, as casas de Exu são construídas fora de cada habitação ou vila, e perto das encruzilhadas. Ele recebe a primeira porção de qualquer oferenda feita a qualquer outro Orixá/Vodum para ajudar a garantir a transmissão correta e uma resposta rápida.

IFÁ: Destino pessoal de alguém – a personificação do destino. Também é o nome dado a um difundido e elaborado sistema metafísico de adivinhação muito usado no Daomé. O Ifá às vezes é chamado de "a escrita de Mawulisa".

---

pelo título completo de Dan Ayidohwedo. Os povos conhecidos como Fon habitaram a região do Daomé que atualmente corresponde ao sul de Benim [N.T.].

IEMANJÁ: Mãe de todos os outros Orixás, Iemanjá também é a deusa dos oceanos. Dizem que os rios fluem de seus seios. Um dos itans conta que um de seus filhos tentou estuprá-la. Ela fugiu até cair exausta e os rios fluíram de seus seios. Outro itan diz que um marido insultou os longos seios de Iemanjá e quando ela partiu levando suas panelas, ele a agrediu deixando-a inconsciente. De seus seios fluíram os rios e de seu corpo surgiram todos os outros orixás. Os seixos dos rios são símbolos de Iemanjá e o mar é sagrado para os seus filhos. Quem a agrada recebe a benção de ter muitos filhos.

MAWULISA: Dentro do vasto panteão do Vodum, Mawulisa é divindade feminina e masculina, o princípio céu-deusa-deus. Às vezes referem-se a ela como os gêmeos inseparáveis do Criador do Universo (Mawu-Lisa). Também é representada como leste/oeste, noite/dia e lua/sol. Com mais frequência, Mawu é visto como o Criador do Universo, e Lisa é chamada de sua primogênita ou de sua irmã gêmea. Ela é considerada a mãe de todos os outros voduns, e como tal, está associada à Orixá Iemanjá. (Ver também: Seboulisa)

ORIXÁ: Os Orixás são as deusas e deuses – personificações divinas – dos povos Iorubá do Oeste da Nigéria. Como os Iorubá eram originalmente um grupo de muitos povos diferentes com uma linguagem semelhante – há aproximadamente 600 Orixás, principais e locais, com diferentes graus de poderes – alguns se misturam. Nos arredores de Dan, ou do Daomé, como passou a ser chamado, as pessoas receberam muitas de suas práticas religiosas dos Iorubá, então muitos dos Orixás reaparecem com nomes diferentes como deuses daomeanos ou Voduns (Vodum). Estes Orixás frequentemente se tornam a liderança de um grupo de Voduns nativos do Daomé que tenham poderes e interesses similares. Os Orixás/Voduns são divinos, mas não onipotentes. Eles são muito poderosos, mas nem sempre justos. Eles são muito envolvidos com as questões humanas e as oferendas devem ser feitas para manter a sua boa vontade. Muitos dos nomes e rituais do culto dos Orixás/Voduns sobrevivem e florescem em religiões praticadas em Cuba, no Brasil, no Haiti, em Granada e nos Estados Unidos. É no Haiti e nos EUA que as tradições religiosas iorubás e daomeanas estão mais misturadas.

OBATALÁ OU OXALÁ: Um dos mais importantes Orixás, Oxalá modela os seres humanos no útero antes de nascerem. Os sacerdotes filhos dele são encarregados de enterrar as mulheres que morrem durante a gravidez. Ele também é chamado de Obatalá, que significa deus do branco. (Em algumas religiões das américas, Obatalá geralmente é mulher.) Pessoas com deficiência estão sob a proteção especial de Oxalá. Alguns dizem que pessoas com deficiência e albinos são feitos assim de propósito por Oxalá, para que seu culto não seja esquecido; outros dizem que estas pessoas foram criadas assim por um erro enquanto o Orixá estava bêbado. Azeite de dendê e vinho de palma são tabus em sua casa, e a cor branca é sagrada para ele, assim como todas as comidas brancas.

SEBOULISA: A deusa de Abomé — "A Mãe de todos nós". Uma representação local de Mawulisa, ela às vezes é conhecida como Sógbó, criadora do mundo. (Ver também: Mawulisa)

XANGÔ: Um dos filhos mais fortes e mais conhecidos de Iemanjá, Xangô é o Orixá do relâmpago e do trovão, da guerra e da política. Suas cores são o branco e o vermelho vivo e seu símbolo é o machado de dois gumes. Na Nigéria, o culto a Xangô geralmente é comandado por uma mulher, chamada de Alagbá. No Daomé, ele é conhecido como Hevioso, o Vodum líder do Panteão do Trovão.

XAPANÃ: O Orixá da varíola. Ele é o senhor da terra e das coisas que crescem; a doença é considerada a punição mais severa para aqueles que quebram seus tabus, ou cujos nomes são gritados perto de sua casa. Sarampo, furúnculos e outras erupções na pele são castigos menos severos. Ele é muito poderoso e muito temido. No Daomé, é chamado de Sakpatá, e muito antes de Edward Jenner na Europa, os sacerdotes de Sakpatá sabiam e praticavam os princípios da vacinação a partir de microrganismos vivos, guardando bem seus segredos.

YAA ASANTEWA: Uma Rainha Mãe do Império Axânti, correspondente hoje a Gana, que liderou seu povo em várias guerras bem-sucedidas contra os britânicos no século 19.

BIBLIOGRAFIA

Bascom, William Russell. *The Yoruba of Southwestern Nigeria*. Holt, Rinehart and Winston. Nova York: 1969.
Courlander, Harold. *Tales of Yoruba Gods and Heroes*. Fawcett, Greenwich, Conn. 1973.
Herskovits, Melville. *Dahomey: an Ancient West African Kingdom*, Volumes I-II. Augustin. Nova York. 1934.
Yoruba Temple. *The Gods of Africa*. Great Benin Books. Nova York. n.d.

SOBRE A TRADUTORA

Stephanie Borges é jornalista, tradutora e poeta. Nasceu no Rio de Janeiro em 1984. Estudou comunicação social na UFF e se especializou em Publishing Management na FGV-Rio. Trabalhou em editoras como Cosac Naify e Globo Livros. Traduziu prosa e poesia de autoras como Audre Lorde, bell hooks, Jacqueline Woodson, Claudia Rankine e Margaret Atwood. Seu livro de estreia *Talvez precisemos de um nome para isso*, publicado em 2019, venceu o IV Prêmio Cepe Nacional de Literatura.

SOBRE A COLEÇÃO AUDRE LORDE

A "Coleção Audre Lorde" é resultado de uma parceria inédita firmada entre as editoras Bazar do Tempo, Elefante, Relicário e Ubu, como modo de fortalecer a recepção dos livros dessa importante militante, pensadora e poeta norte-americana, referência para o feminismo negro, para a luta antirracista e LGBTQI+.

LEIA TAMBÉM
Sou sua irmã: Escritos reunidos e inéditos. Trad. Stephanie Borges. São Paulo: Ubu, 2020.
Entre nós mesmas – poemas reunidos. Trad. Tatiana Nascimento. Rio de Janeiro: Bazar do Tempo, 2020.
Zami, uma biomitografia. Trad. Lubiana Prates. São Paulo: Elefante, 2021.

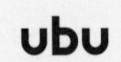

© 1978, 1997 by Audre Lorde
© Relicário Edições, 2020

Todos os direitos reservados e protegidos pela Lei n. 9.610, de 12.2.1998.

É proibida a reprodução total ou parcial sem a expressa anuência da editora.

Este livro foi revisado segundo o Acordo Ortográfico da Língua Portuguesa de 1990, em vigor no Brasil desde 2009.

COORDENAÇÃO EDITORIAL Maíra Nassif
TRADUÇÃO Stephanie Borges
REVISÃO TÉCNICA Mariana Ruggieri
DESIGN Elaine Ramos
ASSISTENTE DE DESIGN Livia Takemura
DIAGRAMAÇÃO Caroline Gischewski
FOTOGRAFIA DA CAPA Cortesia dos Arquivos do Spelman College
FOTOGRAFIA DA P. 286 Cortesia dos Arquivos do Spelman College

Relicário

RELICÁRIO EDIÇÕES
Rua Machado, 155, casa 1 - Floresta
Belo Horizonte - MG | 31110-080

contato@relicarioedicoes.com | www.relicarioedicoes.com
/relicarioedicoes | /relicario.edicoes

Dados Internacionais de Catalogação na Publicação (CIP)
Elaborado por Vagner Rodolfo da Silva – CRB-8/9410

Lorde, Audre [1934–1992]
  A unicórnia preta / Audre Lorde; título original: *The Black Unicorn;* tradução *Stephanie Borges*; prefácio Jess Oliveira. 1. ed.
Belo Horizonte: Relicário Edições, 2020 / 300 p.
ISBN 978 65 86279 14 6

1. Poesia americana. I. Borges, Stephanie. II. Oliveira, Jess. III. Título.

20–65695   CDD 811   CDU 82.1(73)

2ª reimpressão [2023]
1ª edição [2020]

Este livro foi editado pela Relicário Edições, na cidade
de Belo Horizonte, e impresso em papel pólen natural 80g/m². Foram
usadas as fontes Martin, de Tré Seals; e Tiempos, de Kris Soweersby.